9

金森 努
Tsutomu Kanamori

のフレームワーク
で理解する
マーケティング超入門

同文舘出版

9

のフレームワーク
で理解する
マーケティング超入門

金森 努
Tsutomu Kanamori

同文舘出版

はじめに

● 専門スキルから基本スキルとなったマーケティング

　かつて「マーケティング」は、企業内であれば、商品企画や商品開発部門、または広告宣伝部という専門セクションの担当者が用いる専門知識という扱いであった。また、大学などの教育現場でも、経営学部や商学部にしか講座はなかった。

　しかし、今日においては、企業内では社内のすべての担当者が持つべき「共通言語」として扱われるようになってきている。そのため、新入社員研修などでも取り入れられ、「読み書きそろばん、マーケティング」というくらい重要視されている。その他、マーケティング研修の対象者は、全部門共通の階層別研修に組み込まれていたり、部門別の研修科目として営業部門、開発部門、研究部門などの他、総務・人事・経理というスタッフ部門でも取り入れられるようになった。大学でも、多くの学部で履修できるようになっている。

　その背景として、市場環境の変化が挙げられる。日本は 1991 年のバブル経済崩壊後、「失われた 20 年」と言われる長い不景気が続き、2008 年のリーマンショックでどん底を見ることとなった。それ以降、経済は回復を見せ、昨今ではそれなりに好景気ともなっているが、進行する少子高齢化が日本を縮小市場という厳しい環境に追い込んでいる。

　そんな中で、各企業は戦い抜くための「武器」を必要としたのである。市場環境の変化を察知して適切に身を護り、チャンスをつかんで果敢に攻め込むための「武器」がマーケティングなのだ。

● マーケティングを「体系的」に理解する

　マーケティングの重要性が増し、その教育の機会が増えている。にもかかわらず、「マーケティングは難しい」「マーケティングが業務に活かされていない」という声をよく耳にする。

　マーケティングが難しいと感じるのはなぜか？　それは、マーケティ

ングを断片的に「知っている」だけで、「体系的」に理解できていないからである。

　マーケティングというと、すぐに「施策立案」であるいわゆる「4P」（Product＝製品戦略、Price＝価格戦略、Place＝流通戦略、Promotion＝コミュニケーション戦略）の話が出てくる。「何を・いくらで・どんな売り場で・どのような広告や販促を展開して、売るのか」ということだ。たしかに現場で実施する施策に落とし込むには、この4要素の検討が必要となる。

　しかし、その前に、「どのような顧客に・どのような価値を提供するのか？」という「戦略立案」がなされていなければ、話にならない。

　さらにその手前で、自社の置かれた状況を適切に把握し、対象となる市場の「勝ちパターン」の把握や、自社の競合に対する「商機」などを見出す「環境分析」によって、戦略の方向づけをすることが必要だ。それがなければ、どちらに向かって走ればいいのかわからず、五里霧中のまま、当てずっぽうに施策を展開することになってしまう。

　マーケティングにおける「体系」とは、「環境分析」→「戦略立案」→「施策立案」という「流れ」のことである。本書においては、「マーケティングは流れで読み解く」というキーワードの下、その体系に従ってマーケティングの要点を解説していく。

● 最低限必要な「型＝フレームワーク」を正しく理解する

「マーケティングが使えるようにならない」のは、マーケティングで用いる「フレームワーク」を正しく理解できていないからだ。

　先に、マーケティングは企業において「武器」であると述べた。別の言い方をすれば、企業におけるマーケティングは、経営資源である「ヒト・モノ・カネ」のすべてを使って戦う「総合格闘技」である。すべての格闘技は「型」にはじまり、「型」に終わる。

　ビジネスの総合格闘技であるところのマーケティングにおける「型」が、「フレームワーク」である。格闘技の「型」と同じく、切り口や力を入れるポイントにあたるが、そうした要点を正しく習得しなければ、

効果を発揮できない。つまり、使えないということになる。本書では、このフレームワークの使い方を、詳細かつ具体的に解説する。

　さらに、マーケティングに用いられるフレームワークは無数にあるが、数多く知っていればよいというわけではない。「環境分析」→「戦略立案」→「施策立案」という流れの中で、最低限知っておくべきフレームワークを9つに絞り込んで、それを確実に身につけることが本書のポイントである。

● 成功イメージを明確にして「型」を「技」に昇華する

　マーケティングを本当に「使いこなす」ようになるためには、「型＝フレームワーク」を理解するだけでなく、それを使った成功イメージを具体的に持てるようになることが欠かせない。つまり、「型」を使いこなして「技」として完成させた状態だ。「理論」ばかりで「実践」が伴わなければ、「技」にはならない。そのために、本書では各フレームワークを用いた具体的な成功事例を数多く取り上げ、詳細に解説を行なう。

　本書はこれからマーケティングを専門に学ぼうとする方のための入門書となるだけでなく、何らかの形でマーケティングにはじめて触れることになった方が、最小限の努力で、マーケティング力を最も正しく身につけられることを念頭に置いて執筆した。

　マーケティングは「おもしろい！」と思わなければ、なかなか身につかない。1人でも多くの方が、本書でマーケティングを「おもしろい！」と感じ、正しく身につけられることを祈念する。

本書各章の構成

メインフレームワーク	9つの中心となる、必ず覚えるべき内容。
サブフレームワーク	メインフレームワークの関連フレームワーク。マーケティングの使いこなしのために、必要に応じて適宜使用する内容。
ポイント	フレームワークを使いこなすために押さえるべきキーワードを記載。必ず覚えるべき内容。

章扉に記載

フレームワークの概要	フレームワークを理解するための全体像の解説。
フレームワークの使い方	フレームワークの使いこなしのために理解すべきポイントの解説。
Case	フレームワークの具体的な理解と使いこなしのために、実際の企業のマーケティング活動の事例を解説。

はじめに

1章 ニーズの把握
フレームワーク「ふ(不・負)の字探し」

2章 環境分析
フレームワーク「3C分析」

3章 セグメンテーション
フレームワーク「セグメント分析」

カバーデザイン　ホリウチミホ（ニクスインク）
本文デザイン・DTP　ISSHIKI

マーケティングの3つのプロセス

◉ マーケティングの「流れ」とは？

　ビジネスの成果を聞くシーンを思い浮かべていただきたい。担当者が「大きな契約が取れました！　ラッキーでした！」。報告が「以上」であったら、「もっと成功した背景をきちんと報告しろ！」とあなたは必ず言うだろう。「ラッキーでした」では困るのだ。誰が、何度やっても再現しなくてはならないのだから。つまりは、「うまくいくための "しくみ"」が明らかになっていなくてはならないのだ。

　マーケティングとは何か？　という問いに、最もわかりやすい言葉で答えるなら、「売れ続けるしくみ作り」ということになる。「誰が、何度やってもうまくいく」ための状態を作るのである。そのための「しくみ」は「流れ」で考えると明らかになる。

「はじめに」で、「マーケティングは流れで読み解く」というキーワードを述べた。「環境分析」→「戦略立案」→「施策立案」というプロセスで考えていくことがマーケティングの正しい「体系」であり、次章以降で述べるすべてのフレームワークを使う上での大前提となる。その一連の「流れ」の中で、「売れ続けるしくみ」を作っていくことになるのだ。

◉「売れない商品」の共通点

　マーケティングコンサルタントである筆者の元には、「一所懸命考えて作ったんですが、売れないんです！　何とかなりませんか？」という相談がよく寄せられる。自社の技術の粋を集め、工夫を凝らした製品を開発した。より多く売れるように利益率も抑えて価格を設定した。販売に力を入れてくれるように、関係の良好な既存販売チャネルと綿密な商

図1	マーケティングの大きな「流れ」

談もした。知名度を獲得できるように、広告・販売促進予算もできるだけ確保して告知とキャンペーンに力を入れた……なのに売れない、という状況がよく見受けられる。

　具体的に「売る」という方法を考える時、最終的には、「どのような製品を、いくらで、どこ（どのような販売チャネル）で、どのように知らしめて（コミュニケーション）、売るのか?」という組み立てがなされることになる。言い換えれば、マーケティングの4P（製品= Product、価格= Price、チャネル= Place、コミュニケーション= Promotion）の設計である。その意味では、先に挙げた「売れない」という状況でも、その4Pはきちんと組み立てられているように見える。しかし、そこには決定的にある要素が抜けている。それは、「誰を狙うのか?」という「ターゲット」の要素だ。さらに、そのターゲットに対して、「何がよいと訴求するのか?」という、ポジショニング（価値の打ち出し方）という要素である。「誰に狙いを定めて、どのような価値

を打ち出すのか？」は、「戦略策定」という重要なプロセスである。売れない商品の共通点は、4P にばかり目が行き、そこが曖昧になっていることである。

　さらに適切な戦略を決めるために、その手前でやっておかなければならないのが「環境分析」である。そもそも、市場はどのような状況になっているのか。そこで顧客を取り合う「競合」はどこで、それはどのように動いているのか。その中で、「自社が活かすべき機会と解決すべき問題点は何なのか？」を明らかにしておかなければ、戦略を立てるための方向性がまったく見えない。「売れない」という状況は、「4P だけで考えている」ことから起きていることが多い。もしくは、「4P から先に考えて、戦略と環境分析が帳尻合わせになっている」というようなケースである。このような例は、残念ながら枚挙にいとまがない。

◉ マーケティングの全体像
　繰り返すが、売れ続けるしくみ＝マーケティングは、「流れで読み解く」ことが肝要だ。その流れとは、先に述べたように、「環境分析」→「戦略立案」→「施策立案」という順番である。その「流れ」を右の図に示した。ただし、通常のマーケティングマネジメントプロセスの全体像といえば、「環境分析」を起点とするが、そのさらに前提として、「世の中にどのようなニーズがあるのか？」を常に考えておく必要がある。「ニーズ」に関しては、1 章を参照されたい。

図2	マーケティングの「流れ」の詳細

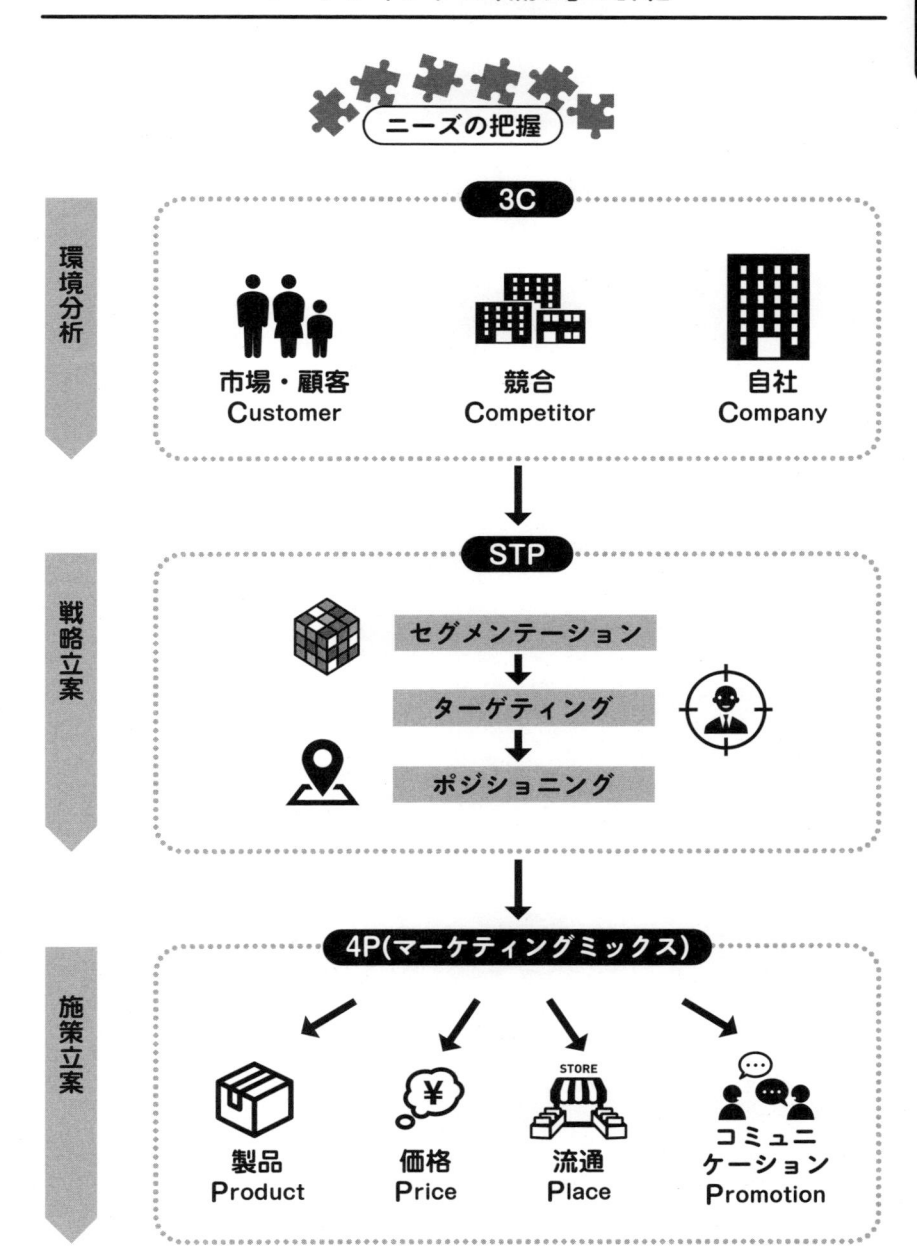

ニーズの把握

3C

環境分析

市場・顧客
Customer

競合
Competitor

自社
Company

STP

戦略立案

セグメンテーション

ターゲティング

ポジショニング

4P(マーケティングミックス)

施策立案

製品
Product

価格
Price

流通
Place

コミュニ
ケーション
Promotion

1章

ニーズの把握

メインフレームワーク
▶ ふ（不・負）の字探し (P.21)

ポイント

ニーズとは "未充足な状態"。
ニーズは "ふ（不・負）の字" に隠れている。

ニーズを明確にすることはマーケティングの「基本のき」であり、フレームワークと呼ぶのは若干はばかられるが、その段階でつまずいている失敗例も散見される。なぜなら、ニーズという言葉の意味が明確に理解されていなかったり、誤った解釈がされたりしているケースが多いからだ。なので、まず、そこからスタートしたい。

「ニーズ」から考える

● マーケティングのキモ

「プロローグ」で、マーケティングとは「売れ続けるしくみ作り」であると述べたが、そのキモは何かを説明しておこう。

マーケティングの定義としては、「マーケティングの役割は、販売の必要をなくすことである」というピーター・ドラッカーの言葉が有名だ。実は、これには続きがある。「マーケティングがめざすものは、顧客を理解し、顧客に製品とサービスを合わせ、おのずから売れるようにすることである」。「販売の必要をなくす」とあるが、最終的には売らないといけない。ドラッカーが言わんとすることは、「無理矢理売り込むことや、無理して値引きしたり、無駄な広告をしたりという売り方をやめましょう」ということなのだ。そして、そうしないためには、「まずは、顧客を理解しましょう。それができれば、顧客が望むモノを、望むカタチで提供することができる」と言っているわけだ。そうすれば、おのずから売れる、つまり「無理無駄なことをせず、顧客自らが選び続けてくれる状態を作りましょう」と説いているのである。「顧客自らが選び続けてくれる状態を作る＝売れ続けるしくみ作り」ということだ。

この言葉の中で最も重要なのが、**「顧客を理解し」**というところだ。では、顧客の何を理解すればいいのか。どんな顧客であるのかという、顧客像、顧客属性などももちろん明らかにしたいが、それより先に理解すべきことは、「顧客のニーズ」である。つまり、「ニーズの把握」はマーケティングの第一歩であると同時に、そのキモであるのだ。

図3

この男の「ニーズ」は何？

● 砂漠の男のニーズは何？

　上のイラストを見ていただきたい。砂漠である。そこに1人の男が歩いている。探検をしに来たようには見えない。車が故障したか何かで、さまよい歩いている感じだ。汗をだらだらかいて、今にも倒れそう。さて、この男の「ニーズ」は何だろうか？

　このような質問をすると、十中八九の方が「水」と答える。しかし、それは不正解だ。この場合、ニーズは「喉の渇きを癒やしたい」が正解である。

●「ニーズ」と「ウォンツ」の意味

「ニーズ（needs）」は「……を必要とする」という意味の言葉なので「水」でもいいのではないかと思うかもしれないが、「水」は、「ニーズ」とセットで覚えておいて欲しい言葉、「ウォンツ」を表わしている。「ウォンツ（wants）」は「……が欲しい」という意味の言葉である。

　ニーズとウォンツの関係を図4で整理している。ニーズを抽出する

にはまず、「現状」と「理想的な状態」を明確にする。砂漠の男の例で考えれば、男は現状、「喉がカラカラ」な状態だ。そして、理想的な状態は、「喉が潤っている」状態である。

　このように、現状と理想の間にはギャップがある。端的に言えば、このギャップこそがニーズの正体だ。つまり、「未充足な"状態"」をニーズと言う。喉がカラカラで、喉が潤っている状態を必要とする＝needs。ゆえに、「喉の渇きを癒やしたい」となるのである。あくまでも、ニーズは「状態」を表わすものであるということに注意が必要だ。

　そして、その「未充足な状態を解消する"モノ・サービス"」を欲しい＝wants と考えることになる。つまり、ウォンツはモノ・サービスという「具体的な対象物」を「欲しい」ということを示しているため、「水」はニーズではなくウォンツだとご理解いただけるだろう。

◉ ニーズから考えることが重要！

　一見すると混同しがちなニーズとウォンツの関係を峻別する意味は、多くの場合、ウォンツから考えることが、モノが売れない原因になっているからである。砂漠をさまよっている男を前にした時、そのニーズを明確化せず当て推量で自社の得意な製品、売りたい商品を提示したとする。　砂漠の強烈な日差しを遮るための日傘、フラフラな身体を休めるためのテント、どちらも男にとって必要そうではある。しかし、男は何より喉の渇きを癒やしたいのだ。そのためには、一滴の水でもいいから喉を潤さなくては干からびて死んでしまうと考えている。そんな男にとっては、日傘もテントも最も重要なニーズを満たすものではない。

　このように、モノ＝ウォンツから考える、つまり「Product out」な思考がモノの売れない原因になっているからこそ、ニーズから考えることが重要なのである。発売した商品の販売が不振だった時、商品の仕様、スペックが不足していたかと改良を検討するケースは多いだろう。しかし、商品にまつわるその構成要素はすべてウォンツである。顧客のニーズを見誤っていたなら、どのような改良を加えたところで売れるようにはならない。砂漠で「喉の渇きを癒やしたい」というニーズを持ってい

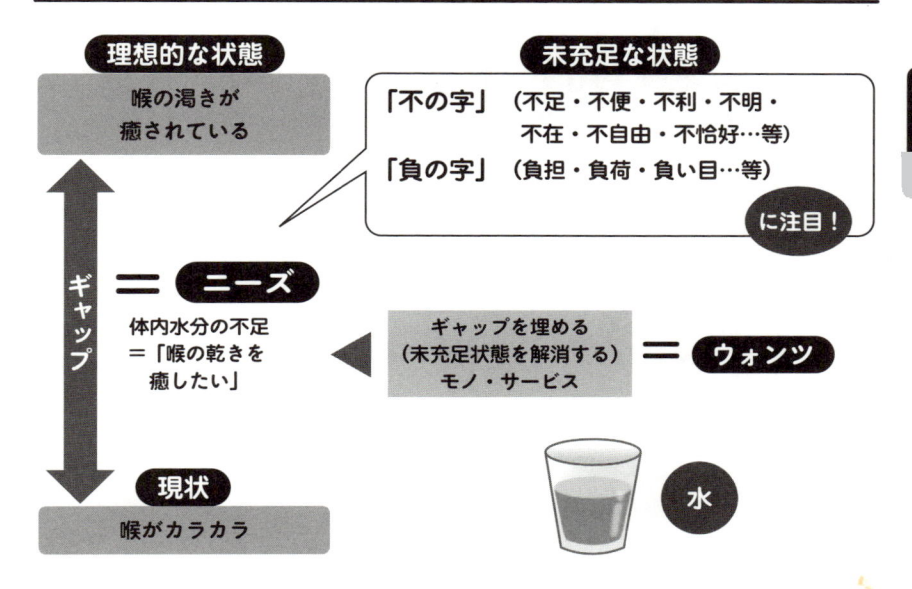

図4　砂漠の男の「ニーズ」

理想的な状態
喉の渇きが
癒されている

未充足な状態
「不の字」（不足・不便・不利・不明・
　　　　　不在・不自由・不恰好…等）
「負の字」（負担・負荷・負い目…等）
に注目！

＝　ニーズ
体内水分の不足
＝「喉の乾きを
　癒したい」

ギャップ

ギャップを埋める
（未充足状態を解消する）
モノ・サービス
＝　ウォンツ

現状
喉がカラカラ

水

る男に対して、どんな高機能な日傘を提示したとしても、買ってくれることはないのと同じである。

◉ 深掘りして最適なウォンツを提供する

　逆に、ニーズをしっかり押さえていれば、より適切なウォンツ、仕様変更や別商品の提供も可能になる。砂漠をさまよっている男はなぜ、「喉の渇きを癒やしたい」と考えているのか。それは、「体内水分が不足しているから」だ。ゆえに、水分補給ができる「水」は適切なウォンツとなる。ここで、体内水分不足をより適切に補えるモノがあれば、男はより喜んで受け入れるだろう。たとえば、より体内への水分吸収が早く、失われた塩分、ミネラルも補給できる「スポーツドリンク」などがそれにあたる。つまり、よりよくモノが売れるかどうかは、適切にニーズを把握し、いかにそれを深掘りすることができるかということの勝負であると言えるのである。

徹底して
「ふの字探し」をする

◉ ニーズは「ふの字」に隠れている！

　前項で述べた通り、マーケティングのキモは、ニーズを適切に把握し、それを深掘りすることにある。そのためのフレームワークが右の図である。

　ニーズとは、「現状と理想的な状態のギャップ」、すなわち、「未充足な状態」である。前項の最後で「深掘り」の例として、砂漠の男が「喉の渇きを癒やしたい」のは、「体内水分が不足しているから」だとしたが、この「不足」という要素の抽出がここでのキモである。「ニーズ＝未充足な状態」なので、そこには何かが存在していないか、足りていないか、満たされていない。または、ままならない、明らかになっていない……などのことが起きているはずだ。存在していない＝不在、足りていない＝不足、満たされていない＝不満、ままならない＝不自由、明らかになっていない＝不明……など、「不」を抱えた状態にあるわけだ。それによって、さらに負担や負荷、つまり「負」の状態が引き起こされていることもある。つまり、ニーズのあるところには「不」「負」＝「ふの字」が存在するのである。ニーズを把握することとは、「ふの字探し」であるとも言えるのだ。

◉ 「クリティカルな現状」を発見する

　「ふの字探し」をすると、意外に多くの「不・負」のつく言葉が見つかる。それは、そこに複数のニーズが隠れていることを意味している。砂漠の男にとって、不適切なウォンツであるとした日傘もテントも、まったくニーズを満たしていないかといえば、そうではない。日陰の不在、歩き

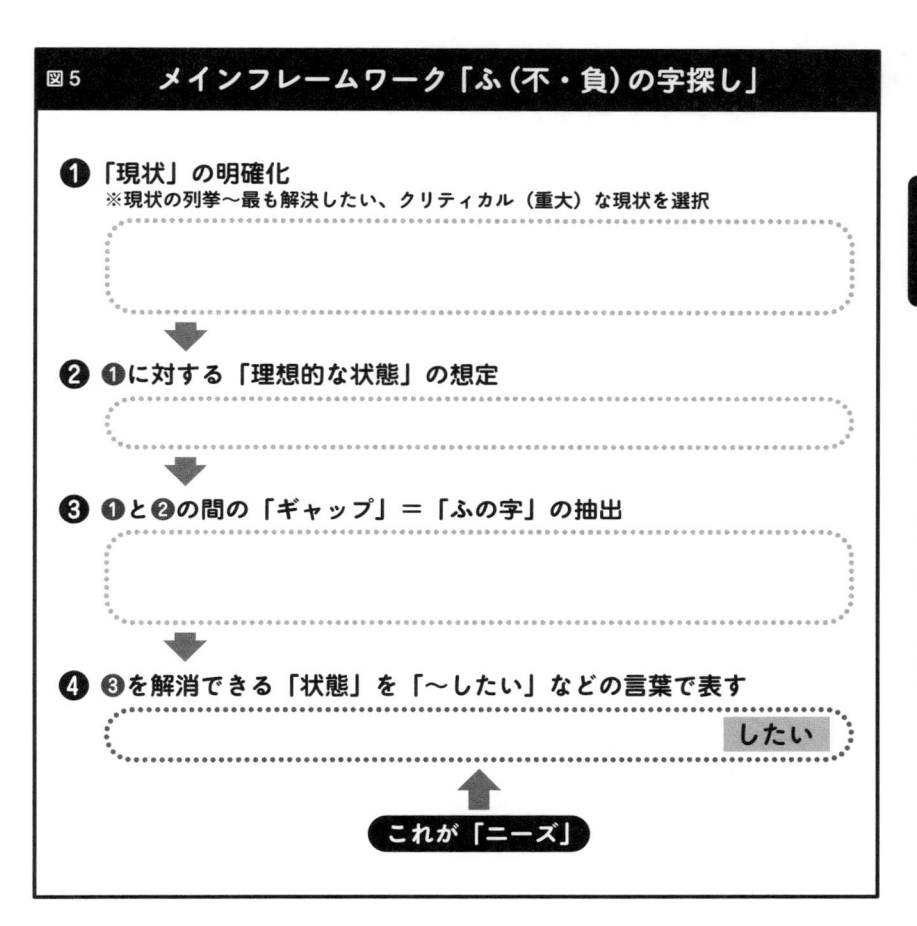

図5　メインフレームワーク「ふ(不・負)の字探し」

❶ 「現状」の明確化
※現状の列挙〜最も解決したい、クリティカル（重大）な現状を選択

⬇

❷ ❶に対する「理想的な状態」の想定

⬇

❸ ❶と❷の間の「ギャップ」＝「ふの字」の抽出

⬇

❹ ❸を解消できる「状態」を「〜したい」などの言葉で表す

したい

⬆

これが「ニーズ」

回ったことによる肉体の負担、という「不」「負」＝「ふの字」がそこにあり、日傘とテントはその「ふの字」を解消するウォンツたり得ていることにはなる。

　しかし、男にとって最も重大（クリティカル）な「現状」は喉がカラカラで体内水分が不足していて、あと少し水分が失われれば命の危険がある、ということだとすれば、自ずとそのニーズを最優先に考えなければならないことがわかるだろう。

「アネロ」のリュック

◉ 「口金タイプ」 という製品特徴

　リュックという成熟市場において、<累計約500万個（日経トレンディネット2018年12月13日公開）> を売り上げたという大人気のリュックがある。「アネロ」というブランドの商品だ。大ヒットのきっかけになったのは、<2014年11月に口金リュックが発売されてから（同）> だという。「口金リュック」とは、モノを出し入れする開口部が「がま口型」になっていて、大きく開くタイプをいう。

◉ リュックにおける 「ふの字」

　そもそも人はなぜ、リュックを用いるのか。背負うことで、荷物運搬の負荷を軽減できるということが根源的なニーズだろう。「ふの字」のあるところにニーズはある。この場合、「負荷」の「負の字」だ。しかし、この「ふの字の解消」は、リュックであればすべて可能だ。荷物は運ぶだけでなく、それを出し入れする。しかし、多くの場合、縦長のリュックの上に設けられた開口部からでは荷物を出し入れしにくく、中に入っている物が探しにくい。「不便」の「不の字」が存在する。これは差別化要因になり得るが、開口部を大きく取ってこの「ふの字の解消」をしている製品も多い。

◉ アネロのリュックにおける 「ふの字解消」

　そんな中で、アネロのリュックが差別化要因となっているのは、<「リュックの上部が口金型でガバッと開くので、モノの出し入れがしやすく、探しやすい。哺乳瓶や子供の玩具をすぐ取り出せると、子育て中

アネロの「口金リュック」

の若いお母さんたちから支持され、それまで扱っていなかったバッグ専門店や百貨店などにも売り場が広がっていった」（同）であると、>メーカーである株式会社キャロットカンパニーの吉田剛社長はコメントしている。

その言葉通り、「口金タイプ」は、「従来のリュックに比べて開口部が大きい」というレベルではなく、リュックの上部が全面開口する。この極端な開けっぴろげ感は、他の商品と一線を画する。つまり、「ふの字」に対してアネロのリュックは、「徹底して解消」しているのだ。それが、最も強く「ふの字」を抱えていた層である「小さい子供のママ」の支持を集めたのである。

中が見えにくいリュックでは、ゴソゴソと中の荷物を探して子供から目を離すことになるという「不安」がある。開口部が極端に大きい特徴を持ったアネロのリュックはそれを解消するウォンツとして最適だ。

また、荷物が多いので常にそれらを持っているのは「負荷」がかかる。アネロのリュックは地面に置いても自立するため、負の字の解消ができ

図6

アネロの「口金リュック」のニーズ

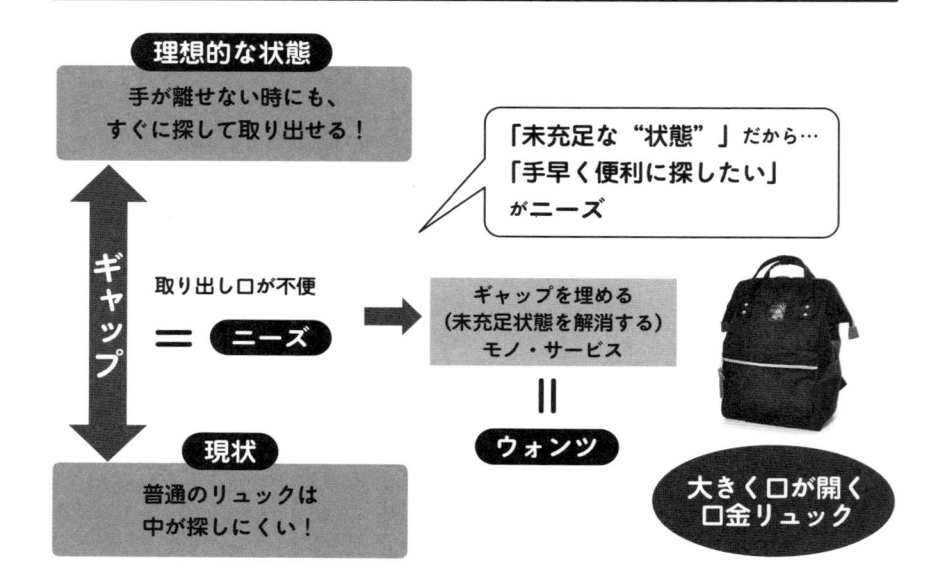

理想的な状態
手が離せない時にも、すぐに探して取り出せる！

「未充足な"状態"」だから…
「手早く便利に探したい」
がニーズ

ギャップ

取り出し口が不便
＝ **ニーズ** ➡ ギャップを埋める（未充足状態を解消する）モノ・サービス
＝
ウォンツ

現状
普通のリュックは中が探しにくい！

大きく口が開く
口金リュック

る。
「ふの字の解消」も、売り手の自己満足で終わっては何の意味もない。それを享受する顧客が確実にいることが、ヒットの絶対条件であるということだ。

　成熟市場では、競合に対して明確な差別化要因を打ち出して大ヒットを飛ばすということはなかなかに難しい。「ふの字の解消」はあらかた行なわれていて、「新たなふの字」を探すことが困難だからだ。しかし、「ふの字の解消」を「徹底して行なうこと」。そして、「それで幸せになる人が確実にいるということ」という重要な要件を、アネロのリュックの事例は教えてくれている。

婦人靴販売の「fitfit」

◉ 「外反母趾」における「ふの字」とは？

　あなたが婦人靴店の店員だったとしよう。そしてお客様が来店して、「外反母趾なんですが、私に合う靴ありますか？」と言ってきたら、あなたは何を考えるだろうか？　多くの場合、「ああ、足が痛くならない幅広の靴が欲しいんだな」と考えて、外反母趾用靴のコーナーに連れて行くだろう。だが、本当にその客は「幅広の靴」が欲しいのだろうか？外反母趾用の幅広靴を見せられて、「ああ、またこれか」と思うのではないだろうか。

　彼女の真のニーズは「足が痛くならないこと」（「ふの字」＝「負担」がない）であると同時に、「自分に合う＝自分に似合う」（「ふの字」＝「不格好」でない）だとすれば、「自分の足下をステキに飾ること」でもあるはずだ。得てして外反母趾用の幅広靴は「痛くならないこと」を重視して、ずんぐりとしたオシャレではないデザインである。それでは彼女のニーズに適っていない。

◉ 顧客視点に立った「fitfit」

　そんな「外反母趾だけど、オシャレな靴が履きたい」という切なる女性の要望を汲み取ったブランドが、婦人靴販売の「fitfit」だ。40代以上の女性の多くが外反母趾に悩んでいる点に注目した同ブランドは、ターゲットを40代以上の女性を中心に設定した。前述の通り、外反母趾用の靴は履き心地重視でデザイン性の高い靴は少ない。そこで、デザイン性と履き心地を両立させるために靴の原型となる木型の設計から見直したという。<fitfitの靴の基本となる木型は、人間工学に基づき、セ

外反母趾用オシャレシューズの「fitfit」

fitfitの特徴

人間工学に基づいた「外反母趾にもやさしい靴」

オリジナルの木型とソールを使うことで、足の負担を軽減するだけでなく、
旬も取り入れた美しいデザインのバランスを大切にしています。
足のトラブルがある人にも、靴のおしゃれを楽しんでもらえる快適さと美しさを併せ持つ

❶ 足なり設計

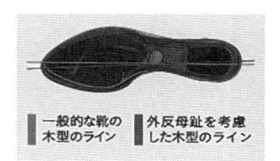

一般的な靴の木型のライン／外反母趾を考慮した木型のライン

❷ つま先部分の傾斜

低　高

❸ 3-in-1ソール

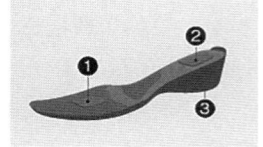

進化のヒミツ

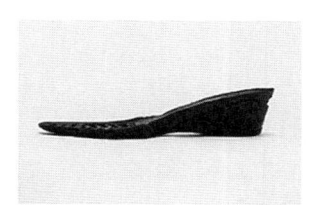

EVA＋ラバーの二重構造ソールだから、
弾むような軽い足取り。

進化のヒミツは、ソールにありました。ミッドソール部分には、ス
ニーカーやサンダルによく用いられるEVA樹脂を採用。アウト
ソール（靴底）の軽量ラバーとの二重構造により、軽くクッション
の効いた歩き心地を実現しています。

ンターラインを親指寄りに振ったオリジナルの「足なり設計」。 普通の
靴に比べてセンターラインが親指側に寄っており、これによって前足部
を幅広にすることなく、親指がまっすぐ伸びるフォルムを実現しまし
た。親指を圧迫しないから、外反母趾の足でも楽に履けます（株式会社
DoCLASSE fitfit Web サイトより）＞とある。単純につま先を広くする
のではない所がポイントだ。

　同ブランドはカタログ通販と実店舗で展開し、顧客の支持を受け順調
に成長している。この成長は、既存の商品を提供するという表面的なニー
ズ対応にとどまらず、「不の字」を見抜いた点にあると言えるだろう。

2章
環境分析

メインフレームワーク
▶ 3C 分析 (P.31)

ポイント

世の中を"3つのC"で切り分けて、顧客のニーズと競合の動き、自社の強みから"勝機"を見つけ出す。

もし、見知らぬ土地を旅しようと思った時、地図の1枚も持っていなかったら、たちどころに道に迷ってしまうだろう。マーケティングにおける環境分析とは、自社の行くべき道を指し示す地図のようなものである。知らない土地を旅する＝新市場に進出するというような場合だけではない。慣れ親しんだ近所であっても時代の移り変わりと共に街並みが変化していくように、自社を取り巻く環境は刻々と変化し続ける。ゆえに、その変化を捉えておくことは欠かせない。そうして自社の置かれた状況を明らかにし、チャンスとリスクを明らかにすることが環境分析を行なう意味なのだ。環境分析は何らかのアクションを起こそうとする時、最初に行なうべきことである。なので、先に述べた、「マーケティングの流れ（マーケティングマネジメントプロセス）」においても最初に位置づけられている。環境分析によって、市場機会と解決すべき問題点の洗い出しをして、そこから大きな方針の決定＝戦略の方向づけを行なうことになるからだ。

　環境分析のためのフレームワークは、何を導き出したいかによって、対応するものがさまざまある。その中でも、マクロ環境、業界環境、顧客環境、競合環境、自社環境などをまとめて考えることができるスグレモノのフレームワークが「3C分析」である。

環境要因を切り分けて考える

●3つのCで考える

　3C分析は、図7にあるように、Customer・Competitor・Companyの3つの要素の頭文字を取って名づけられた。

　考案したのは経営コンサルタントの大前研一で、1982年の著作『The Mind of the strategist: The art of Japanese business』（日本語版：『ストラテジック・マインド ― 変革期の企業戦略論』）によって世界に知られるようになったフレームワークだ。同著では「およそいかなる経営戦略の立案に当たっても、三者の主たるプレーヤーを考慮に入れなければならない」として、立場の異なる三者の視点で分析を行なって戦略を立案する方法として解説されている。つまり、3つのC＝Customer・Competitor・Companyの視点から市場の環境を明らかにするのである。

　Customerは2つの意味で捉えることが肝要だ。「市場」と「顧客」である。ゆえに「市場・顧客」と表現する。もっとかみ砕いて言えば、Customerの要素として明らかにすべきことは、「市場の環境と、顧客とそのニーズ」である。「市場の環境」では、自社と関わる世の中の大きな動き＝マクロ環境と、自社が属する業界の動き＝業界環境などがどうなっているかを明らかにする。「顧客とそのニーズ」では、その市場にはどのような顧客候補が存在し、どのようなニーズを持っているかを明らかにする。

　Competitorは「競合」を指す。業界内にはどのようなプレイヤーが存在するのか。その中でどこが自社の直接的な競合になるのか。それら

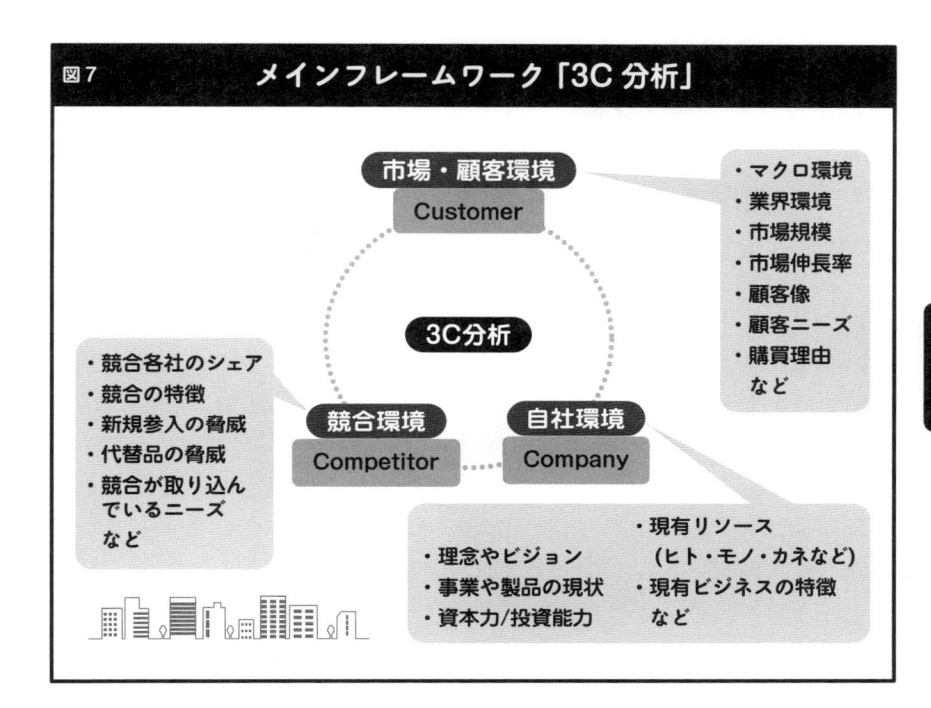

図7　メインフレームワーク「3C分析」

- 市場・顧客環境　Customer
  - ・マクロ環境
  - ・業界環境
  - ・市場規模
  - ・市場伸長率
  - ・顧客像
  - ・顧客ニーズ
  - ・購買理由
  - など

3C分析

- 競合各社のシェア
- 競合の特徴
- 新規参入の脅威
- 代替品の脅威
- 競合が取り込んでいるニーズ
- など

- 競合環境　Competitor
- 自社環境　Company

- ・理念やビジョン
- ・事業や製品の現状
- ・資本力/投資能力

- ・現有リソース（ヒト・モノ・カネなど）
- ・現有ビジネスの特徴
- など

はどのような動きをしているのかということを明らかにする。

　Companyは「自社」のことだ。自社の業界内でのポジション（位置づけ）や具体的な強みとしている要素、抱えている弱みなどを挙げていく。

●KBFの洗い出し

　3つのCの内容を考える際に、Customerと続けて洗い出すべき要素がKBF（Key Buying Factor＝購買決定要因）だ。当該市場において、業界内の競合、及び自社が提供する商品・サービスを、市場に存在する顧客候補が購買するとしたら、どのような要素に注目するかということを明らかにする。顧客候補を獲得するために、どのようなニーズに応えるべきかは、前述の通りCustomerの要素として考えるが、もう一段階それを具体的にして、商品・サービスを構成する要素に落とし込んで考えるようにする。つまり、ニーズに対するウォンツを分解して考えることになる。代表的な例を挙げるなら、価格や品質などがそれにあたる。

● 業界 KSF の導出

3C 分析のゴールは KSF（Key Success Factor ＝成功のカギ要因）の導出だ。前出の『The Mind of the strategist: The art of Japanese business』においては「KFS（Key Factor for Success）」と著されているが、今日では「KSF」という表記のほうが一般的なので、本書でもそれにならうこととする。

KSF には異なる 2 つの考え方がある。1 つが、「その業界で勝ち残っていくために欠かせない要因は何か？」を考えることで、「業界 KSF」という言い方ができる。いわば、参加しているゲームのルールを知るようなもので、「これを外したら絶対に勝てない」要素とも言える。たとえばオセロゲーム（リバーシ）の KSF とは、「角を取ること」だ。これを知らなければ、いくら調子よく自分の色のコマを確保しても、最後に大逆転されて負けの憂き目を見ることになる。

かといって、当たり前に押さえるべきことをもって KSF と言うことはできない。たとえば、サービス業において「客を怒らせないこと」は、それを外したら絶対に勝てないことではあるが、それ以前に当たり前過ぎることであるのは理解できるだろう。

別の言い方をすれば、「業界 KSF」とは「その業界における勝ちパターン」である。たとえば、清涼飲料の販売における業界 KSF は、「よい立地の自動販売機とコンビニエンスストアの棚を確保すること」であると言えるだろう。この「業界 KSF」を導出するためには、3 つの C のうち Competitor（競合）の中の、特に業界内のリーダー企業や高シェア・高収益企業と、下位の企業の動きを見るとよい。大前研一もその著書の中で、「勝者となった会社と敗者となった会社の違いが何であるかを知り、その差違を誇張して分析すること」と記している。そこから「業界の勝ちパターン」が見えてくるはずだ。

● 自社 KSF の導出

KSF のもう 1 つの考え方が、「直接的な競合に対して、どのような勝機があるか？」ということだ。「自社 KSF」という。大前研一が考案し

図8	「業界 KSF」の例：飲料業界

「業界KSF」
＝当該業界で勝ち残るために
満たすべき要素

消費者好みの味の飲料を
業界の平均的な価格で上市し
立地のいい自販機やコンビニの棚を確保し
一定の認知が得られる広告を展開すること

特に「販路確保の力」の差で
業界内の優劣が分かれている

た 3C 分析から導出される KSF は本来、業界 KSF に近い意味合いだが、しかし、常に企業にはシェア争いでつばぜりあいをし、顧客を取った取られたという戦いをしているライバル会社が存在する。その直接的な競合に対して、どのように勝ちを収めるかというレベルまでの落とし込み考えるのが、「自社の勝機」であるところの「自社 KSF」である。

　この「自社 KSF」を導出するためには、特に Customer（市場・顧客）の要素に注目したい。前出の大前研一の著書でも「可能な限り想像力を働かせて市場を分析し、カギとなるセグメントを確認すること」と述べられている。「セグメント」とは、次の 3 章で詳しく述べるが、簡単に言えば「顧客候補」のことである。先に Customer ＝「市場の環境・顧客とそのニーズ」であると述べたが、正に自社 KSF は、直接的な競合に対して、いかに自社が市場に存在する顧客候補のニーズを獲得できるのかということを考えるのである。

具体的な「勝機」を見つけ出す

◉ 順番が大事

3C分析はCustomer（市場と顧客）・Competitor（競合）・Company（自社）の3つの視点で市場環境を見ていくが、その順番には注意が必要だ。多くの人がわかりやすいCompany（自社）の要素から状況を列挙しはじめる。しかし、自社からはじめると近視眼的になってしまい、他の要素がなかなか出なくなってしまう。まず、**市場とそこにいる顧客とそのニーズ、つまりCustomerからはじめることが重要**だ。その次にCompetitor（競合）、自社であるCompanyは最後に洗い出すようにしたい。

◉ 単語、熟語、体言止め禁止

フレームワークを用いる時にありがちなのが、フレーム（枠組み）の中に単語、熟語を書き込んだだけで安心してしまうことだ。たとえば、Competitor（競合）の要素として、「ディスカウント戦略」などと一言書き込む例である。競合が「低価格を武器にしている」ということはわかるが、その背景まではわからない。「大量調達によって仕入れ値を低減し、ディスカウント価格で販売を行なっている」と、一文を読めば内容がわかるレベルでフレームに記載することが必要だ。

◉ 主語を明確にする

上記の「読めばわかるように」とも関係するが、主語を明確に記載することも重要だ。Competitor（競合）であれば、「競合とその動き」なので、具体的にどのような競合先がどのように動いているかという、主体を明

図9

3C 分析の使用上のポイント

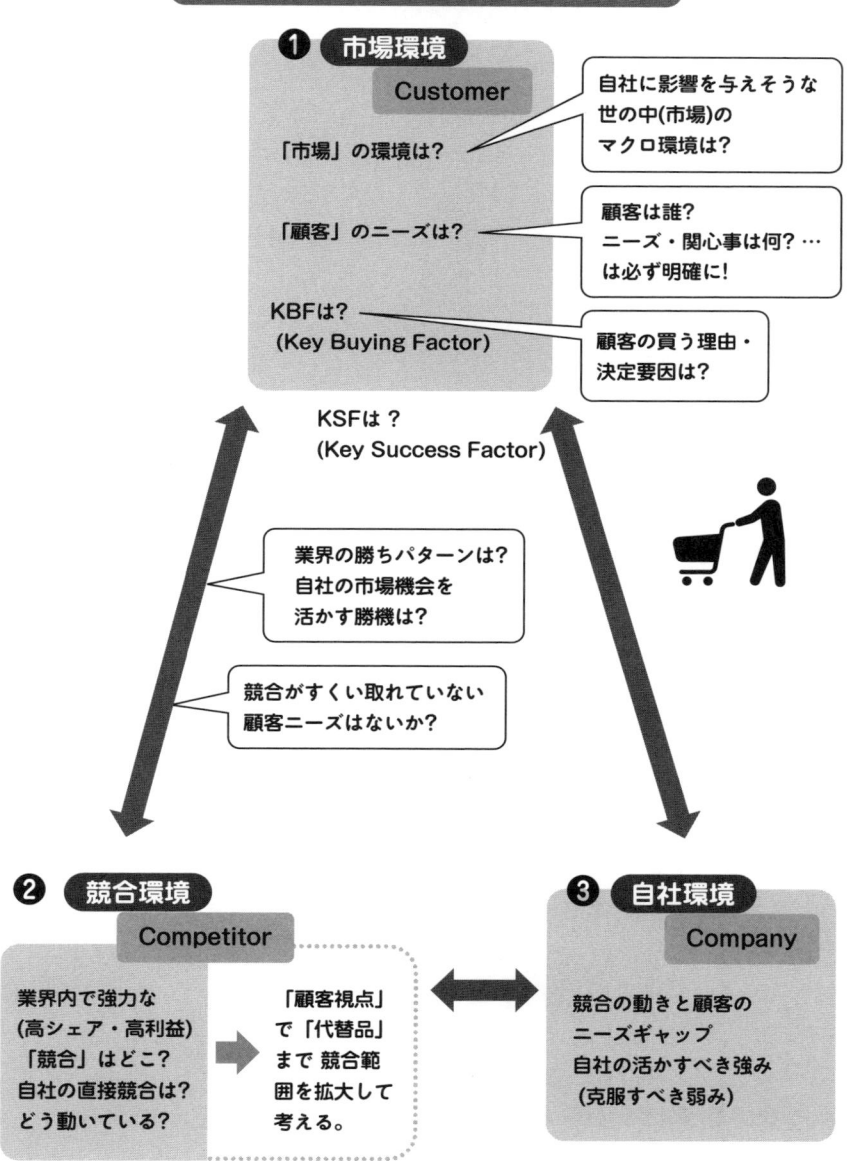

※考える順番も大事。まず、「市場と顧客」を見る

❶ 市場環境

Customer

「市場」の環境は？ → 自社に影響を与えそうな
世の中(市場)の
マクロ環境は？

「顧客」のニーズは？ → 顧客は誰？
ニーズ・関心事は何？…
は必ず明確に！

KBFは？
(Key Buying Factor) → 顧客の買う理由・
決定要因は？

KSFは？
(Key Success Factor)

業界の勝ちパターンは？
自社の市場機会を
活かす勝機は？

競合がすくい取れていない
顧客ニーズはないか？

❷ 競合環境

Competitor

業界内で強力な
(高シェア・高利益)
「競合」はどこ？
自社の直接競合は？
どう動いている？

「顧客視点」
で「代替品」
まで 競合範
囲を拡大して
考える。

❸ 自社環境

Company

競合の動きと顧客の
ニーズギャップ
自社の活かすべき強み
(克服すべき弱み)

2章

環境分析 — 3C 分析

らかにすること。可能な限り、個社名まで挙げる。特に個別の競合に対する勝機を見出すための、「自社 KSF」を導出する際には個社名は絶対に必要だ。

　Customer の場合も、単に「価格志向」などと書かずに、その志向を持っているのはどのような顧客候補層なのかを明らかにしておきたい。Customer は「市場の環境と顧客とそのニーズ」を明らかにするものだ。そのニーズを持っているのがどのような顧客候補像なのかを明らかにしておけば、環境分析の次の段階である「セグメンテーション」で、それを手がかりに深掘りすることができる。

◉ KBF は幅広に洗い出す

「顧客とそのニーズ」がわかったら、そこから KBF（Key Buying Factor ＝購買決定要因）を推測することができるだろう。顧客にとって重要度の軽重はあるだろうが、まずは幅広く洗い出しておきたい。その上で、重要度までわかるのであれば、重視する優先順位順に番号を振るなり、最重要は◎、重要には○などをつけておけばよいだろう。

◉ KBF は KSF ではない

　分析において KBF と KSF（Key Success Factor ＝成功のカギ要因）を混同する誤用が散見される。それは、顧客の KBF を満たせば、市場での勝ち残りや競合に対する優位性が実現するという意味で、両者に同じ要素を書き込んでいるケースだ。あくまでも KBF は「顧客視点」であり、幅広く出す。KSF は「企業側の視点」だ。顧客が望む KBF をそのまますべて実現できるとは限らない。また、実現できたとしても、「成功のカギ」としては、結果よりもそれを実現できる「しくみ」自体が KSF となることが多い。KBF と KSF の違いをきちんと認識することが肝要だ。

◉ 自社の要素はポジティブ／ネガティブの両面を明らかにする

　Company（自社）の要素は、とかく調子のいい時はイケイケで、「強

図10

KBF と KSF の抽出

❶ 市場環境

Customer

「市場」の環境は？

「顧客」のニーズは？

KBFは？
(Key Buying Factor)

KBF＝顧客がニーズ
を満たすために、商
品・サービスを購入
する際の理由（基
準）はさまざまある
ので、自社が実現で
きるか否かにかかわ
らずできるだけ多く
拾い上げる

KSFは？
(Key Success Factor)

❷ 競合環境

Competitor

「競合」はどこ？
どう動いている？

❸ 自社環境

Company

「競合」の動きと顧客のニーズ
ギャップと自社の活かすべき強
み・克服すべき弱みは？

顧客が求める要素（KBF）をすべて提供でき
るとは限らない。KBF＝KSFとはならない。
「自社KSF」の場合、顧客が求めて、自社が
提供できる要素だとしても、競合優位にならな
ければ意味がない。
自社が独自に提供でき、顧客が購買に際して認
める価値＝自社KSFとなる

み」ばかりが目につく。しかし、調子の悪い時には、アレもできていない、コレもできていない……と「弱み」ばかりが列挙されがちだ。客観的に、「活かすべき強み／克服すべき弱み」を洗い出すこと。

● 「業界KSF」は「勝ちパターン」を意識する

「フレームワークの概要」で挙げた通り、業界KSFの導出方法としては、大前研一の著書にあるように、1つは「勝者となった会社と敗者となった会社の違いが何であるかを知り、その差違を誇張して分析すること」という見方がある。さらに、既存の業界KSFが明らかになっている場合は、次のような勝ちパターンも考えられるので参考にするとよい。①既存の市場のKSFを踏襲し、上回る、②新たなKSFを構築し、棲み分ける、③既存のKSFを破壊し、市場を刷新する。

● 「自社KSF」は「顧客のニーズギャップ」を見つけ出す

「自社KSF」を導出する際には、大前研一の「可能な限り想像力を働かせて市場を分析し、カギとなるセグメントを確認すること」という見方を拡張して考えるとよい。詳しくは次章の「セグメンテーション（顧客細分化）」で述べるが、顧客候補（セグメント）として顧客を細分化する際に注目すべき点は、「顧客のニーズ」である。そのニーズに対して、Competitor（競合）はその動きの中で充足することができているのか否かを見るのだ。もし、充足できておらず、「ニーズギャップ」が存在し、それを自社（Company）の「強み」で充足することができるようであれば、それが自社KSFにつながることになる。競合が充足できているようであれば、自社は「より充足させることができないか？」と、「潜在ニーズ」まで含めて、顧客候補に「まだ充足できていないニーズはないか？」まで洗い出してみることが重要である。

● 最後は「課題の洗い出し」まで行なう

3C分析のゴールはKSFの導出なので、それができれば一応終了ということになるが、さらに深掘りすると「課題の洗い出し」までが可能

図11

3C分析からの課題抽出方法

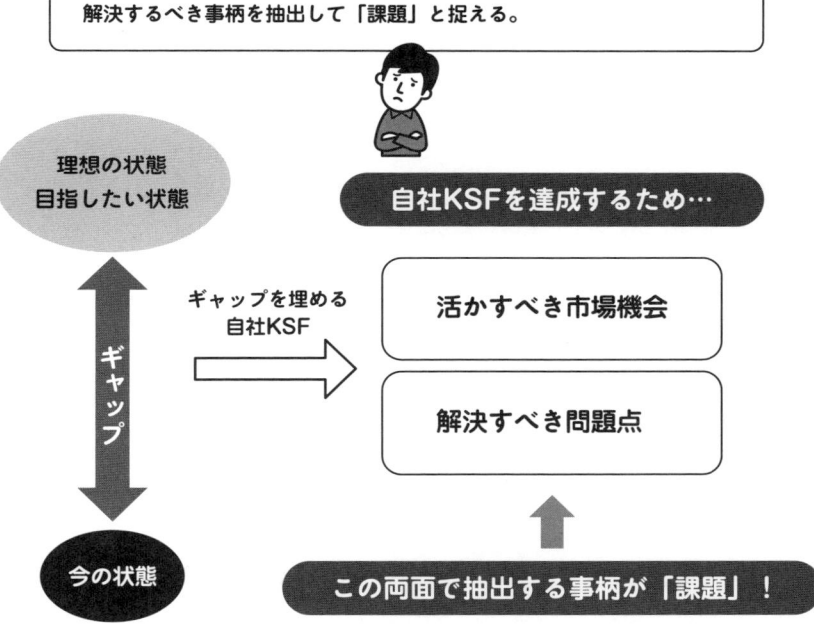

「3C分析」と「課題」は密接につながる。
「課題」とは、「今の状態」と「理想の状態・目指したい状態」との
ギャップを埋める「KSF」を3C分析から導き、KSFを達成するため
解決するべき事柄を抽出して「課題」と捉える。

理想の状態
目指したい状態

自社KSFを達成するため…

ギャップを埋める
自社KSF

活かすべき市場機会

ギャップ

解決すべき問題点

今の状態

この両面で抽出する事柄が「課題」！

となる。環境分析という段階で考えれば、その結論としては「市場機会と問題点」までを明らかにする必要がある。**「今後どのような機会を活かして、何を解決していかなければならないか」**ということが、「課題」である。まず、そもそもの、「現在の状況」と「望ましい（めざすべき）状況」を改めて明確にしよう。現在の状況を望ましい状況に変えるための「道筋」が、KSFだと言える。そのKSFを実行するにあたって、後押ししてくれるような要素が「市場機会」である。そして、KSFの実行のために障害となるような要素があれば、それが「問題点」となる。その両面から洗い出されたものが「課題」である。

コメダ珈琲店

　名古屋市発祥の「コメダ珈琲店」は 2019 年 2 月末時点で全国に 835 店舗を展開し、毎期 100 店超えのペースで出店を実現している。その成功の秘密を 3C 分析のフレームワークで読み解いていこう。

● Customer ①（市場の環境）

　帝国データバンクの調査では、2017 年の全国の喫茶店・カフェ 1,180 社の売上高合計は 6415 億 3200 万円だ。売上規模別では、1 億円未満が 832 社と全体の 70.5％を占める。一方、100 億円以上は 10 社と全体の 0.8％に過ぎないが、売上高全体の 66.3％を占める大手寡占状態だ。コーヒー 1 杯の原価率は 20％程度と言われ、原価率の低さから参入が容易な業種として、かつては個人経営の喫茶店が乱立していたが、1980 年にドトールコーヒーが 1 杯 150 円（当時）という価格破壊で参入して以来、同社を含む大手チェーンの前に淘汰されつつある。

　市場規模としては前年比 4.6％の増加と拡大傾向が続いている。市場拡大の背景としてはいくつかの理由が考えられるが、1996 年に日本市場に参入したスターバックスコーヒーが「サードプレイス（自宅、職場に次ぐ、第 3 の居場所）」というコンセプトで、「くつろぎのための空間」としての提供価値を示したことも大きい。飲酒人口が減少し、「飲み」機会が減る中、代替需要を捉えていることも挙げられよう。また、「ノマドワーカー」と言われる、カフェでデスクワークや勉強を行なう層の増加も一因だ。カフェは飲み物だけでなく、フードの充実も図り、食事需要も取り込んでいる。「カフェブーム」とも言われる現在の状況は、ブームというより、市場にすっかり定着していると言っていい環境である。

2章
章

環境分析 ― 3C分析

● Customer ②（顧客とそのニーズ）

今日、カフェはさまざまな顧客層とそのニーズを取り込んでいる。「一杯の満足度」を重要視する、いわゆる「スペシャリティーコーヒー」に代表されるコーヒーと味そのものを求める層。店内空間の「オシャレさ」や「くつろぎ」など、居心地のよさに重きを置く層。低廉な価格でちょっとした休息と喫煙席での喫煙を目的とする層など、セグメント（顧客層）ごとにニーズの多様化が進んでいるのが現状である。

● KBF（Key Buying Factor ＝購買決定要因）

コーヒーの味、メニューの種類、店内空間、価格の安さ等、さまざまな要素が考えられるが、上記でニーズを見た通り、セグメントごとにかなりのばらつきがあり、最終的に市場機会を考える際にはセグメント別の整理が必要になることがわかる。

● Competitor（競合）

　業界内の各プレイヤーとその動きを見ていくことになるが、ここでは
その形態を「シアトル系」「低価格系」「本格コーヒー系」「新世代高価
格フルサービス系」と4つに分類して考えたい。なお、競合は市場の
顧客のニーズ取り合う相手を幅広く捉えるべきなので、「コンビニエン
スのカウンターコーヒー」も「代替品」として考えられるが、カフェ需
要を完全に代替するものではないと考えて除外した。

　各カテゴリーの状況は図12のCompetitorの欄に記した通りである。

● 顧客のニーズギャップ

　現在の主流は「セルフサービス」で、低価格系だけでなくシアトル系
も客席数を増やすため、店内空間に「ゆとり」がなくなってきている。
フルサービスでゆとりある店内は「新世代高価格フルサービス系」であ
るが、価格的に敷居が高い。昔ながらの「喫茶店」的なゆとりのある単
独店舗、小規模チェーンはどんどん消失しており、大手チェーンとして
はルノワール、珈琲館は残っているものの、店舗数減少の一途。昨今の
店舗スタイルに居心地の悪さを感じる層も少なくない。ニーズギャップ
の「ふの字」としては、「居心地の不満」、高級店の「価格の負担」が挙
げられる。

　KSFの導出と、次のセグメンテーションが考えやすくなるので、「ふ
の字」を抱えている顧客層をもう少し深掘りしておきたい。過度なオシャ
レさは不要と考えている。徐々に詰め込みになって狭くなっている客席
に不満を持っている。仕事・勉強目的客などが多い雰囲気が不快に感じ
る。高級カフェはくつろげるが費用負担が大きい……等。総じて考えれ
ば、「カジュアルな価格と雰囲気の中でゆったりと過ごしたい」という
ニーズを持った顧客ということになるだろう。

● Company（自社・コメダ珈琲店）

　コメダ珈琲のWebサイトから競合との差別化要因となる点を抽出し
たので、図12のCompanyの欄を参照されたい。特に「強み」と言え

図12　　コメダ珈琲店・都市部進出における3C分析

① 市場環境
Customer

- 市場の環境

飲酒人口・「飲み」機会減少。カフェに追い風(代替需要)。くつろぎ・デスクワークや食事の場など用途拡大と共に「カフェブーム」とも言われ、市場は伸長中。

- 顧客のニーズ

コーヒーそのもの味を求める層や、オシャレさやくつろぎなど、店内空間に重きを置く層、低廉な価格でちょっとした休息と喫煙席での喫煙を目的とする層など、セグメントごとにニーズの多様化が進む。

KBF(Key Buying Factor)：コーヒーの味、メニューの種類、店内空間、価格の安さ…等

業界KSF：主流はセルフ・中価格でオシャレな店舗・多様なメニュー

自社KSF：珈琲やフードの味等の独自色と、フルサービスを基本にゆったりとした店内空間と雰囲気の提供を実現し、体験させる。

② 競合環境
Competitor

<シアトル系>
ブームの火付け役ともなったスターバックスに代表されるエスプレッソのバリエーションメニューと店内空間が売り。ただし、徐々に座席が詰め込み気味に。勉強をする学生やPCで仕事をする人など飲食・休息以外が主目的な客層も多い

<低価格系>
ドトール、ベローチェなどセルフサービスと狭めなスペースの代わりに低廉なメニューが売り

<本格コーヒー系>
ブルーボトルコーヒー、猿田彦珈琲の人気が高まる。サービスはシアトル系・低価格系同様セルフ

<新世代高価格フルサービス系>
椿屋珈琲店等フルサービス系復興の兆しもあるが、1杯1,000円近く、敷居は高い

③ 自社環境
Company

<コメダのこだわり=強み>

- くつろぎ=「街のリビングルーム」をコンセプトに広めのスペースと新聞雑誌の設置など

- おいしさ=自社製のパンや「名古屋スタイル」とも言われるモーニングセットや豆菓子のサービス

- サービス=座席への案内〜水・おしぼりの提供

<コメダの弱み・脅威>

- 都市部知名度なし/駐車場の優位性が活きない

- 「古くさいイメージ」と受け取られるリスク

2章

環境分析 ― 3C分析

る内容は、Competitor で挙げたプレイヤーと直接被らないことがわかるだろう。一方、「弱み」をどのようにカバーしていくのか、要検討だ。

● KSF (Key Success Factor ＝成功のカギ要因)

競合の動きからすると、「業界の勝ちパターン」としての「業界KSF」は、業界の主流が取っている戦略である、「セルフサービス・中価格帯に設定した豊富なメニュー・オシャレな店舗」などがそれにあたる。しかし、ニーズギャップを抱えた層の存在があり、そこに対して自社の強みで価値提供ができそうなら、「自社独自の勝機」＝「自社KSF」が見えてくる。すなわち、「中価格帯で、珈琲やフードの味等で独自色を出し、フルサービスを基本にゆったりとした店内空間と雰囲気の提供を実現し、体験させること」と言えるだろう。弱みである都市部での知名度がないことと、駐車場の優位性が活きないことは、初進出の地域には街道沿いに出店して、徐々に中心部に展開していくことでカバーできる。

● 分析の要点

さまざまなタイプが存在する顧客層の中から、ニーズギャップを抱えている層をしっかり見つけることが何より肝要だ。つまり、3C 分析においても「ふの字に注目」して、顧客とそのニーズを見ることは欠かせない原則であるわけだ。

図13

ニーズギャップの抽出とターゲット仮説

ここにニーズ GAP

昔ながらの「喫茶店」的「ゆとり」ある単独店舗、小規模チェーンは消失。ルノワール・珈琲館の二大巨頭は残るも店舗数減少の一途。昨今の店舗スタイルに居心地の悪さを感じる層も少なくない。新規勃興の兆しがある高級フルサービス店は敷居高い

居心地不満

費用負担

ターゲット

不/負の字を抱えた層

オシャレさ**不**要。徐々に詰め込みで狭くなっている客席に**不**満。仕事・勉強目的客などが多い雰囲気が**不**快。高級カフェはくつろげるが費用**負**担が大きい。

カジュアルな価格と雰囲気の中でゆったりと過ごしたいニーズの人

具体的な属性を後（セグメンテーション）で検討

3章

セグメン
テーション

メインフレームワーク
▶ **セグメント分析** (P.53)

ポイント

セグメンテーションは "ニーズで括る"。
"属性" から決めつけずに、ニーズに注目
して、属性は後から付与する。

◎「STP」とは？

　環境分析によって、「戦略の方向性」が見えてきたことだろう。次の段階は、その「戦略」を立案するパートだ。「戦略」という言葉の定義はいろいろあるが、「マーケティングの流れ」の中では、「誰に・何を訴求するか？」を具体化することだと考えて欲しい。「誰に」とは、狙うべきターゲットに絞り込んで決めることであり、「何を」は、そのターゲットに対する「価値の訴求内容」を考えることだ。しかし、その手前で、「誰に」を絞り込むにあたっての「候補」を洗い出す必要がある。つまり、「市場にはどのような顧客候補がいるのか？」を明らかにする段階である。「顧客候補の洗い出し」をセグメンテーション（Segmentation）、「誰に」＝「ターゲットの絞り込み」をターゲティング（Targeting）、「何を」＝「価値訴求内容の決定」をポジショニング（Positioning）という。長いので、英語の頭文字を取って、「STP」と言うことも多いが、その「STP」が「戦略立案」の中身である。

◎ ありがちな間違い

　ありがちな間違いとして見られるのは、環境分析の後に、「ターゲットは〇〇〇という層である」と、いきなりターゲット設定をしてしまう例だ。そのように「決め打ち」で設定してしまうと、当然、外すことも考えられるし、そのターゲットに対してモノが売れたとしても、もっと売れる可能性のある層を見逃している可能性もある。ゆえに、まずは、自社の顧客になり得る可能性のある層を洗い出す＝セグメンテーションをして、その中から絞り込み（ターゲティング）をする必要があるのだ。

何よりも「ニーズ」に注目する

◉ セグメンテーションの意味

　セグメンテーション（Segmentation）を辞書で引くと、「分割・区分」といった意味が出てくる。では、何を基準に「分割・区分」すればいいのか。結論から述べると、「ニーズ」に注目するのである。「セグメンテーションはニーズで括る」と覚えておいて欲しい。そこからセグメンテーションという言葉を定義するなら、「同質のニーズを持った顧客候補群」と表わすことができる。

◉ セグメンテーションのありがちな間違い

　セグメンテーションを考える時にありがちなのが、訳語の「分割・区分」という意味にとらわれて、市場を何らかの基準で「切り分け」てしまうことだ。「切り口」として典型的なのは、性別・年齢・職業・所得などがある。「人口動態的変数（Demographic）」とも言う。そこから「年齢」×「性別」の切り口で、「20代・女性」というようなセグメント（区分）を作ったりする。

　しかし、セグメンテーションとは、「同質のニーズを持った顧客候補群」である。すると、「20代・女性」では、「20代の女性は、みな同じニーズを持っている」ということになってしまう。そんな気持ちの悪い話はないだろう。

◉ 「セグメンテーションはニーズで括る」

　モノ（ウォンツ）が売れるためには、顧客のニーズに適合していることが絶対条件だ。ゆえに、最初に「同質のニーズ」を持っている候補で

図14

STP 分析とは？

STP分析 ＝

S セグメンテーション
T ターゲティング
P ポジショニング

「顧客は誰か」を見つけ出し、その顧客に自社の魅力を伝え競合と差別化を図ることを3段階に分け検討する「マーケティングの流れ」の中心部分。戦略の立案。
ここをしっかり固めることで、精度の高い「施策（打ち手＝4P）」が考えられるようになる。

Segmentation ＝ セグメンテーション

不特定多数の顧客を、マーケティング戦略上、同質なニーズを持っていると考えられる集団（セグメント）にブレークダウンする

わかりやすくいえば…

市場にバラバラに散らばる人を"ニーズ"に注目して「カタマリに括る」！

Targeting ＝ ターゲティング

作った「カタマリ」を、個別に「魅力度」の判断基準と照らし合わせ、最も魅力的と思われる「カタマリ」を見つける

わかりやすくいえば…

上記で作られた「カタマリ」の中から「最も魅力的」なカタマリを見つける！

Positioning ＝ ポジショニング

ターゲットが購買を決定する理由（KBF＝Key Buying Factor）で整理して、競合より自社がターゲットから魅力的に見えるアピールのしかたを明らかにする

わかりやすくいえば…

ターゲットが「これなら買いたい！」と思う要素を洗い出して、競合より魅力的に見える打ち出し方を考える！

括るのだ。

「分割」という意味で考えると、どうしても市場の「全体」を性別・年齢・職業・所得・居住地域などの、いわゆる「顧客属性」で切り分けたくなる。しかし、どのように切り分けたとしても、そうして切り分けられたカタマリ、たとえば「20代・女性」の中身がバラバラのニーズだとしたら、同一に扱うことはできない。

◉ セグメンテーションに必要な感覚

市場全体をMECE（ミーシー＝漏れなくダブリなく）に分割できると気持ちがいい。しかし、そこが大事なのではない。まずは市場にどのようなニーズが散らばっているのかを考え、同質なニーズを発見してカタマリにしていくのである。その意味では、セグメンテーションは餅か豆腐を切り分けるようなイメージで表わされることが多いが、それは正に市場を属性で「切り分ける」ことになる。そうではなく、市場に散らばるニーズの中から、同質なものを拾い集めて「括る」という感覚のほうが、本来の正しい意味になる。

「拾い集める」という意味からすると、「漏れ」が出る恐れはある。しかし、「漏れ」がなくとも、見当外れの「区分」からターゲットを選んでしまうより、正しくニーズを捉えられることのほうが重要であるのは言うまでもない。

図15　　　　　　セグメンテーションの大原則

「セグメンテーションはニーズで括る」

市場を「属性」から切り分けてはいけない！

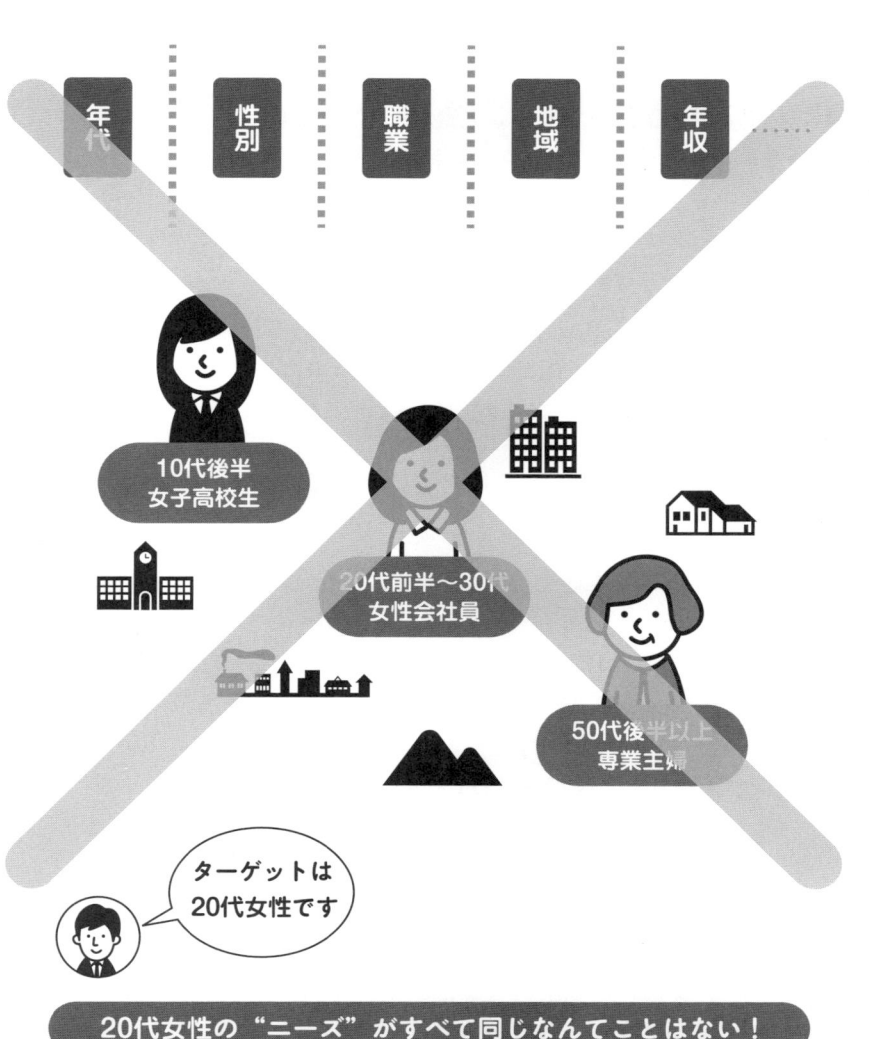

年代　性別　職業　地域　年収 ……

10代後半
女子高校生

20代前半〜30代
女性会社員

50代後半以上
専業主婦

ターゲットは
20代女性です

20代女性の "ニーズ" がすべて同じなんてことはない！

3章　セグメンテーション ── セグメント分析

「属性」から考えないこと

● ニーズ発見の手がかりは、「流れ」で捉える

「セグメンテーションはニーズで括る」「市場の中の同質なニーズを発見してカタマリを作る」と言われても、いきなりそこから考えるのは、よほど市場に対するアンテナが高かったり、観察眼が発達していたりしなければ、なかなか難しいだろう。何らかの手がかりが必要だ。

その手がかりは、「マーケティングは流れで読み解く」である。この「セグメンテーション」の段階でいきなり「同質のニーズを持った顧客候補」を探そうとするから難しいのだ。「流れ」の前の段階で何をやっていたのか。「環境分析(3C分析)」である。3C分析は最初にCustomerとして、「市場の環境・顧客とそのニーズ」を明らかにする。「市場の中に、どのような顧客候補がいて、どのようなニーズを持っているか?」を一度ここで考えているはずだ。もちろん、環境分析の段階では、ラフな仮説でしか考えていないと思うが、少なくとも手がかりにはなる。その手がかりから、他に見落としているニーズはないか?　そのニーズは果たして適切なのか?　などと精査していけばいいのである。

● ニーズで括って、属性を付与する

自社がハンバーガーチェーンで、「食べ応えのある大型バーガー」という商品の発売を検討していたとする。その商品の顧客候補はどのような人だろうか?　この問いを発すると、多くの人が、「若い男性」と答える。しかし、ハンバーガー店の店頭を見てみると、「若い男性」でも「普通サイズ」を食べている姿が見受けられる。逆に、「大型バーガー」を「中年男性」がほおばっていたり、「女性客」が混じっていたりもする。「若

図16　メインフレームワーク「セグメント分析」

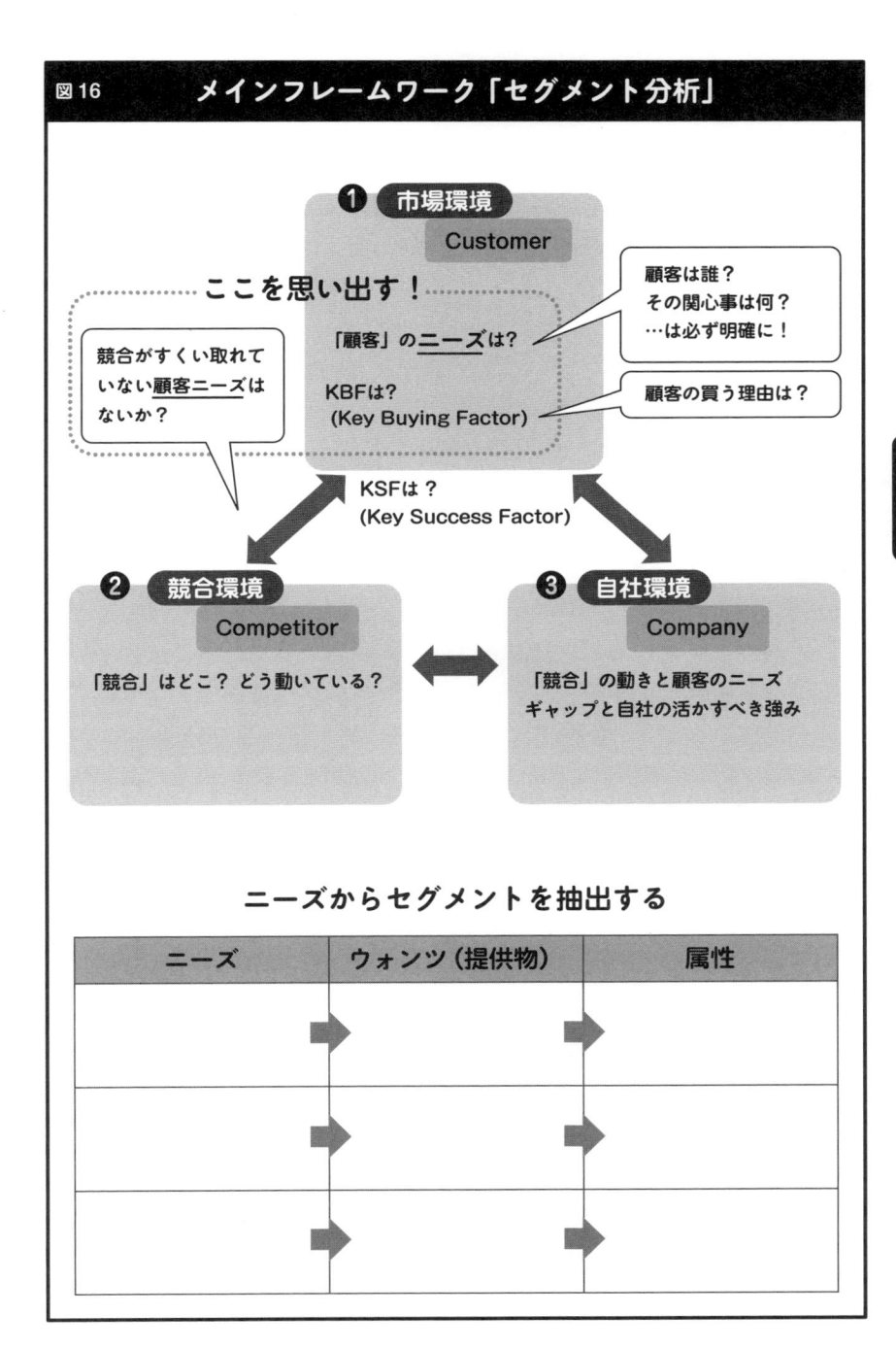

ニーズからセグメントを抽出する

ニーズ	ウォンツ（提供物）	属性

い男性」と考えてしまうのは、「思い込み」による、「年齢・性別」という切り口での「決め打ち」だ。

　大型バーガーを食べる人のニーズは何だろうか。ニーズは「ふの字」に隠れている。「ふの字探し」をしてみれば、普通サイズでは「不足」、お腹がいっぱいにならないという「不満」という「不の字」が見えてくるはずだ。すなわち、「心ゆくまで思い切り食べたい」というニーズである。そのニーズを持っている人の属性を考えれば、「若い・男性」だけでなく、「中年」や「女性」も存在し得ることがわかる。

　他にも見落としているニーズはないだろうか。提供された大型バーガーを前に、その写真をスマホで撮っている人が見受けられる。その人のニーズは、写真に撮って「話題になりたい」だろう。属性的には、趣味としてインスタグラムにはまっている人ではないだろうか。「ネタ不足」を解消するために、大型バーガーというウォンツを求めているわけだ。

　この例のように、まず注目すべきは「ニーズ（ふの字）」である。どのような共通の「ふの字」を抱えているかで括って、そのカタマリに「属性」を付与すること。その逆、「属性」から考えないことが肝要である。

図17　「属性」に注目しがちだが、まず「ニーズ」に注目する

「ガッツリした大型バーガー」を
食べているのは.....?」

提供物(ウォンツ)	どんな人?(属性)	そのニーズは?
ガッツリした大型ハンバーガー	外国人(アメリカ人?) 若い人 体格のいい体育会系男子	お腹いっぱい食べたい! (普通サイズじゃ不足)
同上	お姉さん・オッサン・お子様	同上
同上	Instagramなどの SNS大好き女子(男子もいるかも)	みんなに注目されたい! (SNSのネタ不足)

❷
次にその人
の「属性」
を考える

❶
ココに
注目!

【大原則!】
「セグメント」は「性・年齢」などの「属性」から先に考えてはいけない!

タケオキクチの
オーダースーツ

◉ タケオキクチの新ブランド展開

　ネット通販のZOZOTOWNも参入し、「オーダースーツ」は非常にホットな、言い方を変えれば激しい戦いを繰り広げる「レッドオーシャン」に突入しつつある。そんな業界内で有望な「顧客候補」はどこにいるのだろうか。

　アパレル大手のワールドが新たなブランドを展開した。「アンビルトタケオキクチ」という。＜30代のビジネスマンを中心に幅広い年齢層の男性をターゲットに、オーダーセットアップやオーダージャケット、オーダーシャツ、オーダーパンツ、Tシャツ、カットソー、シューズ、書籍やステーショナリーといった雑貨などをラインナップする（fashionsnap.com2018年12月6日）＞という。また、＜オーダー商品の購入者を対象に衣料品保管サービスを提供するほか、2019年春夏シーズンにはネクタイのレンタルサービスを開始する（同）＞というから、至れり尽くせりである。

◉ オーダースーツの顕在ニーズ

　オーダースーツに対するニーズとは何か？「自分にピッタリの服を着たい」と答える人は多いだろうが、「自分にピッタリの服」は、ニーズを満たすための「ウォンツ（モノ）」である。ニーズは（自分にピッタリの服で）「きちんとした人と言われたい！」「デキル男に見られたい！」「モテたい！」などではなかろうか。そうすると、ターゲットは「オシャレな人」ということになる。たしかに自分だけの一着を仕立てるというのは、本来贅沢であり、洒落者の粋を満たすモノだ。だがそれは「顕在ニー

アンビルトタケオキクチ

ズ」である。アンビルトタケオキクチは、もっと潜在的な未充足ニーズを狙っているのだ。

◉ アンビルトタケオキクチが狙った潜在ニーズとセグメント

　ターゲット候補である「セグメント」は、性別・年齢・職業・所得等の「属性」で分類するのではない。「ニーズで括る」のが原則だ。前掲の「きちんとした人と言われたい！」「デキル男に見られたい！」「モテたい！」などのニーズに注目すれば、前述の通り、「洒落者」が１つのわかりやすいセグメントとして浮かび上がってくる。

　しかし、スーツや服をめぐるニーズは洒落者のそれだけではない。逆に、もっと切実なものがある。職場でカジュアル化が進むが＜「毎日コーディネートを考えることが面倒」「どうコーディネートしたら良いか分からない」といったビジネスマンのニーズ（同）＞に応えるのが同店の狙いだという。つまり、着るモノが分からない＝「不明」、人からダサいと言われる＝「不安」、毎日のコーディネートを考える面倒さ＝「負荷」……ニーズは「ふ（不・負）の字」に隠れているのだ。そして、同店のターゲットは、そんな「ふの字」を抱えた「悩める、非・洒落者層」である。

　対応するニーズとターゲットがはっきりしているため、訴求価値＝ポジショニングも非常に明確にすることができる。同店のポジショニングは「ビジネス服の悩み解決を一手に引き受ける店」である。もし、目先のわかりやすい「属性」でセグメンテーションを考えていたら、ターゲットは「30代・会社員」、ポジショニングは「オシャレなあなただけの一着を提供する店」といった、ありふれたものになっていたかもしれない。

　モノが満ちあふれ、ほとんど市場のニーズは刈り尽くされてしまっていると言われているが、まだまだ、発掘されていない「ふ（不・負）の字」は存在していると言える。そこから、レッドオーシャンにならないための魅力あるセグメントを発見することもできるのである。

サントリー「伊右衛門 特茶」

◉「伊右衛門 特茶」の市場参入と CM

サントリー緑茶「伊右衛門 特茶（特定保健用食品）」が発売されたのは 2013 年 10 月のこと。当時話題となった鮮烈な CM を覚えているだろうか。CM のキャラクターは本木雅弘と宮沢りえ。まず、新発売時に本木雅弘が斧で薪を割っている映像に被せて、「丸太はそのままでは燃えない。だから、分解」という文字とナレーションが入る。続いてオンエアされた宮沢りえの CM では「苦いトクホの時代は終わったようです」という文字とナレーションが入る。これは、長きに渡ってトクホ飲料市場の王座に君臨していた花王「ヘルシア緑茶」を強烈に意識してのことだ。「特茶」の特徴は、緑茶に含まれ「茶カテキン」の働きで脂肪を燃焼させるだけでなく、「ケルセチン配糖体」の働きによって脂肪分解酵素を活性化させるという。単にカテキンで「脂肪が燃える」だけでなく、「分解→燃焼」という効果を発揮するメカニズムを明確にしている点がポイントであり、それが競合であるヘルシア緑茶に対する差別化要素なのだ。その差別化要素を強調し、CM で「そのままでは燃えない。だから、分解」と言っているのである。

もう 1 つの差別化要素は「味」だ。特茶は、緑茶飲料カテゴリーでも日本コカ・コーラの「綾鷹」と常に 2 位の座を奪い合う、味に定評のある「伊右衛門」ブランド傘下で発売された。競合の「ヘルシア緑茶」に代表される、トクホ緑茶にありがちな苦味を軽減した、普通の飲料としても飲める味わいがセールスポイントである。宮沢りえの CM のコピーはそれを表わしているのである。

●「セグメンテーションマップ」と競合の動き

その「伊右衛門 特茶」はどのような勝機を見出し、どのようなセグメントを狙ったのであろうか。

特茶発売前、「ヘルシア緑茶」は派生商品も展開し、その座を盤石なものにしていた。同じヘルシアブランドとして発売されたスポーツ飲料タイプの「ヘルシアウォーター」は、ヘルシア緑茶よりも格段に苦みを抑えて飲みやすくした。さらに、炭酸飲料タイプの「ヘルシアスパークリング」は、炭酸でほぼ苦みを消すことに成功していたのである。

トクホ飲料ユーザーはどのようなセグメントができるだろうか。ここでは、前掲の「フレームワークの解説」で述べたのとは別のやり方を紹介しよう。当該市場における代表的なニーズで軸を作り、「セグメンテーションマップ」を作る方法だ（右図）。

では、どんな軸が必要か？　トクホ飲料なので、「痩せたい」という要素は大きいだろう。つまり、「メタボ解消に対する関与度の高さ」、つまり「不健康・不格好を解消したい」という「不の字」である。そして、トクホの特徴である「苦さをどこまで許容できるか」という要素も大きい。素直に考えれば、「不味い」のは嫌だ。「不の字」が存在している。

この2軸で考えた時、ヘルシア陣営は3商品をうまく配置していることがわかる。「苦くてもメタボ解消に必死なので我慢できる」という層をヘルシア緑茶が確保し、「飲みやすさが欲しいが、多少ならばメタボ解消のため我慢できる」層をヘルシアウォーターが確保。「メタボ解消に対する必死度が低いので、その分、味にこだわりたい」というライト層をヘルシアスパークリングが確保していると考えられる。これら3商品が確保していない領域が「ホワイトスペース」、つまり狙えるセグメントであると言える。

●「伊右衛門 特茶」が狙った「ホワイトスペース」

考えられるホワイトスペースは3つある。1つは、メタボ解消意向がライトで、その分、味に対するこだわりが強い層だ。この層は、メタボ解消に対する必死度が低いので、ヘルシア緑茶の味は許容できない。さ

図18

「伊右衛門 特茶」のセグメント構造

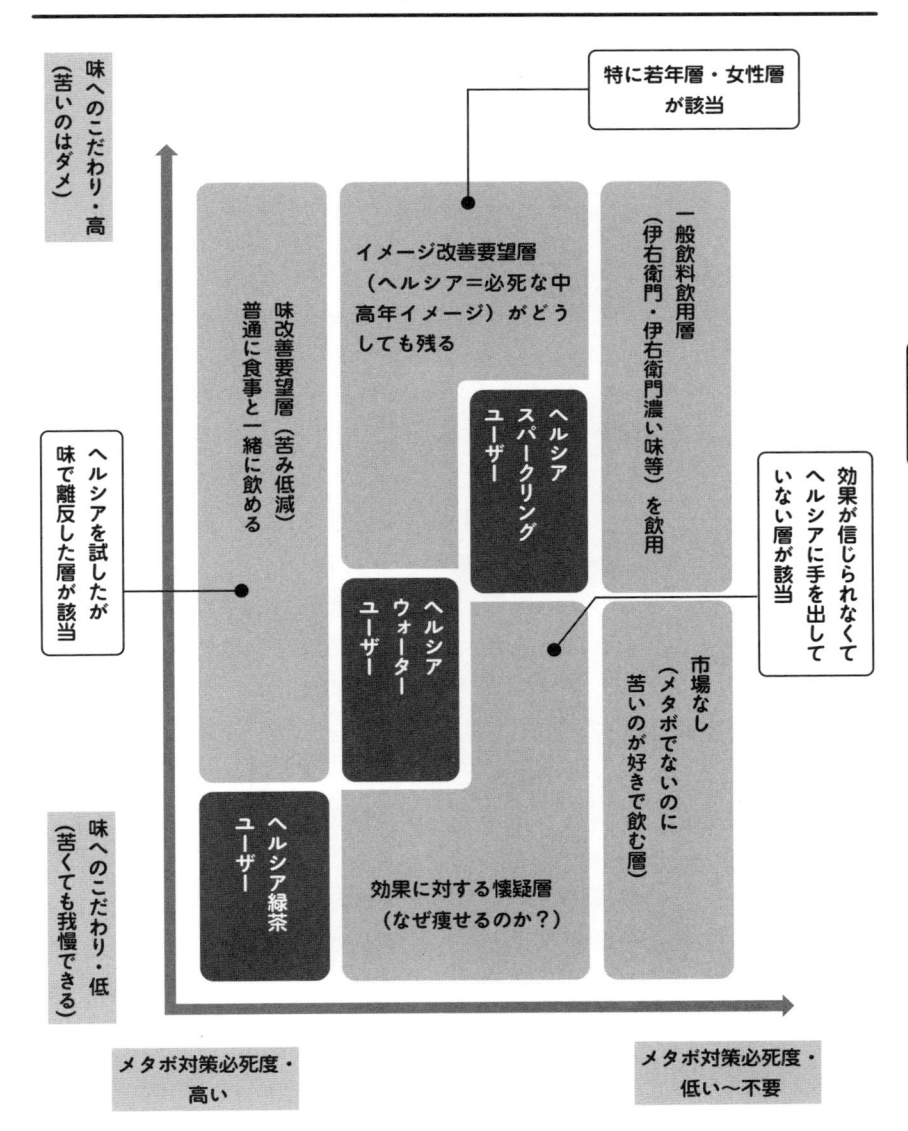

味へのこだわり・高
（苦いのはダメ）

特に若年層・女性層
が該当

イメージ改善要望層
（ヘルシア＝必死な中
高年イメージ）がどう
しても残る

味改善要望層（苦み低減）
普通に食事と一緒に飲める

一般飲料飲用層
（伊右衛門・伊右衛門濃い味等）を飲用

ヘルシア
スパークリング
ユーザー

ヘルシアを試したが
味で離反した層が該当

ヘルシア
ウォーター
ユーザー

効果が信じられなくて
ヘルシアに手を出して
いない層が該当

ヘルシア緑茶
ユーザー

味へのこだわり・低
（苦くても我慢できる）

効果に対する懐疑層
（なぜ痩せるのか？）

市場なし
（メタボでないのに
苦いのが好きで飲む層）

メタボ対策必死度・
高い

メタボ対策必死度・
低い～不要

※ターゲットセグメント条件は、性・年齢等でなく製品に対する態度と、
製品に対する期待で分類でき、幅広い層に潜在的な需要があることがわかる

3章

セグメンテーション ─ セグメント分析

らに、ヘルシア緑茶のメインユーザーは男性のメタボ中年層を想起させるため、そのイメージも受容しない。属性で考えれば、特に女性や若年層が多いだろう。トクホといえどもイメージがよいことを求めるこのセグメントには、サントリーが通常の「伊右衛門」のCMで、本木雅弘と宮沢りえを起用して作り続けてきた印象度の高い世界観、ブランドイメージが効くのである。

　もう１つのホワイトスペースは、味に対する許容度はあるが、メタボ解消意向は中程度からライトな層だ。必死でないがゆえに、ヘルシア緑茶には手を出していない。しかし、メタボ解消意向がないわけではない。つまり、「これなら効く」という確証が不足しているがゆえに手を出していないとも解釈できる。この層には「脂肪を分解する→燃焼する」というメカニズムの訴求が効くのだ。

　３つめのホワイトスペースは、メタボ解消意向は高いものの、どうしても味が受容できずにヘルシア緑茶に手を出せない層だ。この層には、おいしさで定評のある「伊右衛門」ブランドと、苦みを抑え、通常の緑茶飲料とさほど変わらない製品の味で勝負ができるのだ。

●「伊右衛門 特茶」の成功に学ぶ

　明確な狙えるセグメントの抽出と、そのニーズに対する訴求ポイントの提示で、「伊右衛門 特茶」は発売して短期間で「ヘルシア緑茶」を抜き、「トクホ茶カテゴリー売上 No.1」の座を奪うことに成功した。市場が成熟した今日、多くの業界では新たな参入余地を探すことが難しくなっている。先行する競合が市場をしっかり押さえていたり、競争が激しい市場で攻め込む隙がなさそうだったりする場合、ここで紹介した空白地帯＝ホワイトスペースを探す手法が必要となってくるため、このやり方も覚えておいていただきたい。

図19　　　「伊右衛門 特茶」の KSF と対策

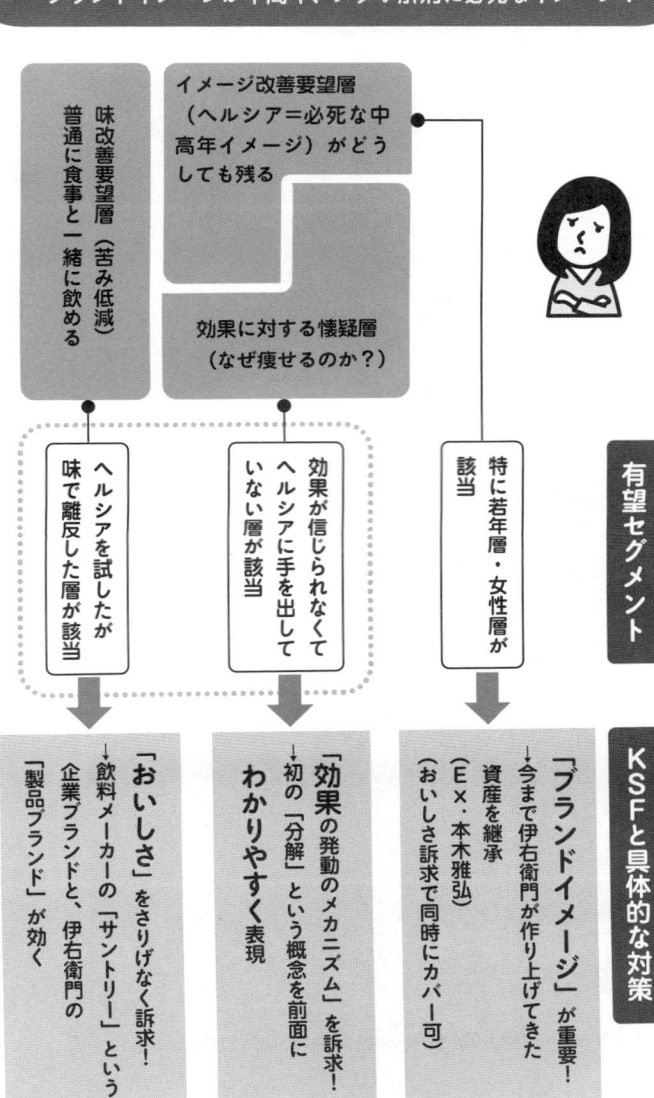

競合（花王）がすくい取れていない顧客ニーズ
・本当に効くの？　・結局、どれも苦い！
・ブランドイメージが中高年、メタボ解消に必死なイメージ？

味改善要望層（苦み低減）
普通に食事と一緒に飲める

イメージ改善要望層
（ヘルシア＝必死な中高年イメージ）がどうしても残る

効果に対する懐疑層
（なぜ痩せるのか？）

ヘルシアを試したが味で離反した層が該当

効果が信じられなくてヘルシアに手を出していない層が該当

特に若年層・女性層が該当

有望セグメント

「おいしさ」をさりげなく訴求！
→飲料メーカーの「サントリー」という企業ブランドと、伊右衛門の「製品ブランド」が効く

わかりやすく表現
「効果の発動のメカニズム」を訴求！
→初の「分解」という概念を前面に

「ブランドイメージ」が重要！
→今まで伊右衛門が作り上げてきた資産を継承
（Ex・本木雅弘）
（おいしさ訴求で同時にカバー可）

KSFと具体的な対策

4章

ターゲティング

メインフレームワーク
▶ ターゲティングの 5R (P.67)

ポイント

複数の顧客候補 (セグメント) から、
5 つの観点で最も魅力的なターゲットを
抽出する。

⊕ 正しいターゲットを選ぶということ

　3章で述べた「セグメンテーション」とは、「同質のニーズを持った顧客候補群」の抽出であった。次の段階は、抽出された複数の顧客候補のカタマリ（セグメント）の中から「ターゲット（標的）」を選び出すことだ。その選び出す過程を「ターゲティング」と言う。3章の冒頭で、セグメンテーションを飛び越して、ターゲットを「決め打ち」しないようにと述べたが、きちんとした段階を踏んで顧客候補群の中から絞り込んでいくことが肝要である。せっかく複数の顧客候補群（セグメント）を抽出しても、ターゲットの選び方が間違っていては何にもならない。ありがちな間違いとして見られるのは、わかりやすい、もしくは何らかの理由で狙いやすいセグメントを安易にターゲットとして選んでしまうことだ。それでは、期待するような（たとえば売上・利益が上がる）結果につながる保証は得られない。

5つの明確な基準で考える

◉ 絞り込みのプロセスと基準

　最大の注意点は、決め打ちでいきなり詳細なターゲット像を作らないことである。ターゲティングとはターゲット像を描く以前に、複数の顧客候補＝セグメントから、「最も魅力度の高いセグメントに絞り込む」プロセスを言う。まず、最も魅力的な1つのターゲット、もしくはメインターゲット1つ＋少数のサブターゲットに絞り込んで確定させる。その後に、詳細なターゲット像を考えていくという順番が大切だ。

　では、どのように各セグメントの「魅力度」を判定していくのか。それは、5つの基準で考えるが、その頭文字を取って「5R」という。Realistic Scale ＝規模、Rate of Growth ＝成長性、Ripple Effect ＝波及効果、Reach ＝到達可能性、Rival ＝競合状況である。

　以下、「R」の各要素を解説する。

◉ Realistic Scale ＝規模

　そのセグメントが狙うに足るだけの規模を持っているかを判断する。規模が大きければいいというものではないが、規模が小さすぎると、獲得できたとしても獲得コストがペイしない可能性がある。収支構造を考慮して規模を判断することも重要だ。

　また、規模に関しては、「対象が多そう」などと定性的に判断するのではなく、定量的な裏づけをもって判断することも必要だ。セグメントの持つ「属性」として、たとえば性別・年齢・所得・居住地域などが設定されているとすれば、総務省統計局の Web サイト（https://www.

図20　メインフレームワーク「ターゲティングの5R」

ターゲット（魅力的なカタマリ）としての適正
＝自社が獲得する努力をするに足り、期待した結果を得られるか否かを考える

規模は十分?
Realistic Scale
狙うに足り得る（利益の出るだけの）ボリュームはあるか?
（個々の顧客の客数×客単価×回転数×リピート率なども考慮）

成長性は?
Rate of Growth
すぐに刈り尽くしてしまう恐れはないか?　今後も成長するか?

波及効果は?
Ripple Effect
そのカタマリを獲得すると、他のカタマリが連続して取れるおいしさ
はあるか?　Ex.若い世代を獲得すると情報伝達力が高いので、仲間を
連れてくる。流行の先端的見え方で他の世代も獲得しやすくなる…等

到達可能か?
Reach
メッセージを発信して反応してくれるか?　アクションに応えてくれる
か?

競合状況は?
Rival
そのカタマリを狙う競合は多くないか?　自社に優位性がある、模倣
困難性が高いなど競合の中で選ばれる要素はあるか?

stat.go.jp/）に、国勢調査などで収集された統計データが公表されてい
るので参考にできる。

● Rate of Growth ＝成長性

　そのセグメントが狙うに足るだけの規模を持っていたとしても、すぐ
に刈り尽くしてしまうようでは困る。その後も継続的にターゲットとな
る対象が発生して、収益を得続けられるような成長性があるかも判断す
る必要がある。定量的に判断する場合、統計データの経年変化を見れば
わかるはずだ。

● Ripple Effect ＝波及効果

　ターゲットとしてあるセグメントの獲得を図るわけだが、獲得するこ
とで波及効果をもたらし、他のセグメントも獲得しやすくなるような要
素が見込めるかを判断する。属性的に考えるなら、トレンドの発信源と
なりやすい若年層などは、他の世代に対する波及効果をもたらしやすい

と言える。また、今日、Instagram、Twitter、Facebook などの SNS が口コミの媒介として大きく位置づけられているが、それに親和性の高い層なら、波及効果の魅力度は高いと言えるだろう。

● Reach ＝到達可能性

　たとえば、「金融資産 1 億円以上を保有している富裕層のアクティブなシニアを狙いたい」などと考えたとしても、その層に接触できる媒体やツールなどはかなり限られていて難しい。また、自社から見れば魅力度が高いと思えるセグメントでも、その対象層とこれまでリレーションがなく、対象者にとって自社の魅力が低ければ、接触を図ったとしても無視されてしまうだろう。この到達可能性では、コミュニケーションを図ったり、アプローチを図ったりした際に、きちんと接触できるか否かを判断する。

● Rival ＝競合状況

　自社にとって魅力的なセグメントは、競合にとっても魅力的である場合が多い。ゆえに、基準として、そのセグメントの競合状況はどの程度激しいのか、その中で勝ち残れる可能性はあるのかを判断する。「マーケティングの流れ」で考えるなら、この要素は環境分析の 3C 分析における「Competitor（競合）」の項目や、分析の結論である「KSF（Key Success Factor ＝成功のカギ要因）」を元に判断することもできる。

　以上の 5 つの基準をチェックするが、当然、5 つすべてをクリアできるなら、そのセグメントは問題なく魅力度が高いということになる。しかし、いずれかの項目に問題があったとしても、その項目が致命的でなければ、「もしそのセグメントを狙うとすれば、他のセグメントと比べて何番目ぐらいに魅力度はあるのか、その際の課題は何か？」を明らかにしておくとよい。次章で述べるが、自社から最も魅力的に見えるセグメントだとしても、競合優位性を示すことができずに、そのセグメントを狙うことを諦めなくてはならないこともあり得る。その際は、優先順

図21

「ペルソナ」の構築方法

ペルソナ分析(ターゲットプロファイル策定)

- ■ペルソナ分析はターゲットのプロファイルを詳細に想定する分析法。
- ■この人物が対象とする「製品・サービス」を、どこで認知し、興味を持ち、誰に相談し、どんなメリットで購買行動に出るか、使用することで、どんな価値を得るかを想定し、関係者一同で共有する。

例 【名前を付けてみる】→
【どこで、どんな暮らしをしている?】→
【年齢・性別・既婚/未婚など】→
【趣味など】→【外見は?】→
【近頃の悩みなど】→【職業など】→
【どんな価値観を持っている?】→【性格など】→
【ニーズ】→【商品の購入理由（KBF）】

実際のペルソナ構築ステップ

【社内調査・議論】事前調査（デスクリサーチ等）の結果を元にターゲット概要を決める	【議論】ペルソナの仮説設定（議論：概要決定）	【社内外定性調査】社内外協力者を募り、該当ペルソナに近い人に簡単なインタビュー（自分の半径5mのリサーチ）	【議論】ペルソナの詳細設定（行動含む）	【社外Web調査】ターゲット規模等（5R）の把握と絞り込み条件調整規模"小"なら「属性」条件緩和

位2番目のセグメントが繰り上がってターゲットとなるからだ。

◉ 詳細な顧客像を描き出すペルソナ

　ターゲットを設定し、よりターゲット像を詳細化しリアルにしていく手法を「ペルソナ」という。ペルソナは「人」「人格」「人物」というような意味の言葉であるが、1人の人物像を描くように、ニーズや購買動機（KBF）など、ターゲット像を詳細にしていく作業を行なう。それによって、たとえば「OL層」などとしたざっくりした属性でしかなかったところから、「どんなニーズを持った、どんなOLなのか?」と考え、その過程で「必ず買ってくれる理想のユーザー像」を詳細に、リアルにしていくわけだ。できあがったペルソナを関係者一同で共有すれば、各々の立場でのアプローチのあり方もベクトルを合わせられるようになり、戦略の立案や施策の展開において、全体としてブレがなくなるという効果も期待できるのである。

4章

ターゲティング — ターゲティングの5R

妥協・決め打ちをしないこと

　ターゲティングにおける最も重要なフレームワーク「5R」の各項目の意味や判断する上での留意点は先に述べた通りで、「使い方」として追加で述べる要素はない。ただし、以下、2つの留意点を述べておく。

◉「戻る」ことの重要性

「マーケティングは流れで読み解く」のだが、その「流れ」は決して一方向にさらさらと流れるわけではない。うまくいかなかったら、流れを遡る、つまり「戻る」ということも重要だ。

「5R」はセグメンテーションの段階で考えた顧客候補（セグメント）の魅力度を判断し、その中から最も魅力的なものを抽出するには非常に理にかなった基準となる。しかし、できるのはあくまでも作られたセグメントを元にした判断だ。ゆえに、この段階で、魅力度がいまひとつなセグメントを、「これしかないから、まあ、いいか」とターゲットとして決めてしまったら、次の段階の「ポジショニング」は、その「いまひとつなターゲットに対する魅力の打ち出し方」を考えることになる。

　用意したセグメントがすべて魅力度に乏しいようだったら、妥協することなく、「セグメントの作り方が悪かったのだ」と考えて、前の「セグメンテーション」の段階に戻る勇気、諦めのよさが必要となる。ターゲティングの精度は「5R」をどこまで定性・定量の両面から厳格に判断するかと、その手前で、いかに判断すべきセグメントをしっかり抽出できているかにかかっているのだ。「セグメンテーション」と「ターゲティング」は、行きつ戻りつして精度を上げていくものだと考えて欲しい。

図 22　　　ターゲティングの精度アップのキモ

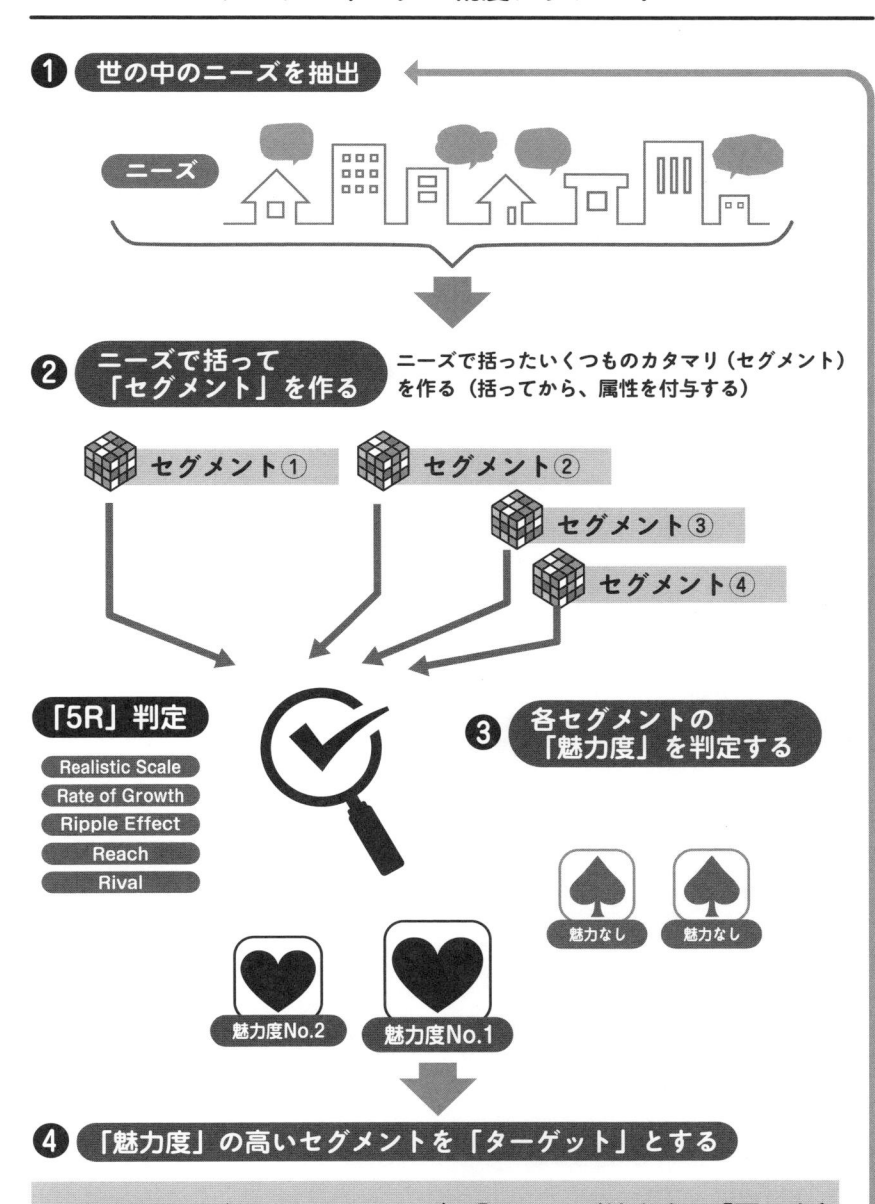

① 世の中のニーズを抽出

ニーズ

② ニーズで括って「セグメント」を作る

ニーズで括ったいくつものカタマリ（セグメント）を作る（括ってから、属性を付与する）

セグメント①　セグメント②　セグメント③　セグメント④

「5R」判定

- Realistic Scale
- Rate of Growth
- Ripple Effect
- Reach
- Rival

③ 各セグメントの「魅力度」を判定する

魅力なし　魅力なし

魅力度No.2　魅力度No.1

④ 「魅力度」の高いセグメントを「ターゲット」とする

※魅力あるセグメントがなければ、①のニーズ抽出まで「戻る！」

● 「整合性」に留意すること

　もう1つの留意点は、「5R」には明示されていないが、「整合性」に留意するということだ。特に留意したい整合性が「自社の内部要因」との整合性である。「自社内部の戦略の方向性・施策の展開との整合性」や「自社の既存ビジネスとの相乗効果（シナジー）」などは、競争優位を構築する源泉となる。「5R」の項目でいえば、「競合状況」にも影響を及ぼすため、その視点を忘れずに反映したい。

● 「ペルソナ」に盛り込むべき内容

「ペルソナ」の具体的な構築例は右ページに示すが、ここではペルソナに反映すべき要素と、検討手順について述べる。

　ペルソナの中で最も重要な要素は、そのターゲットの持つニーズと、商品を購入する際のKBF（購買決定要因）なので、その点は必ず詳細に詰める。加えて、その背景となる情報も盛り込むようにしたい。具体的には、ニーズに関しては、そのターゲットが抱えている悩み事などを想定してみる。KBFに関してはその商品に対する思い入れや、そもそもどのような価値観を持っているかなどを想定したい。

　しかし、いきなり悩み事や思い入れ、価値観などを想定できるわけはない。その前段階として、セグメンテーション〜ターゲティング（5R）の段階で大まかに付与してあった「属性」をぐっと絞り込んでみる。年齢・性別・職業・婚姻などの基本属性に加え、趣味・性格・居住地域とそこでの暮らし方なども想定してみるといい。最終的には、「ペルソナ」の意味通り、「1人の個人」を描き出すようにすることが重要なのだ。また、ペルソナを作る意味合いの1つに「関係者内での意識共有」があるので、より具体的に意識できるように、仕上げにペルソナに名前をつけてみたり、その商品に関連する言葉を決めてみたりするのもいい。

● 「ペルソナ」の検討手順

　上記のような内容を決めていく手順であるが、大きく分けると、①デスクリサーチ、②議論と概要の構築、③インタビュー、④議論と詳細の

図23　　あるトクホ飲料のペルソナ（例）

名前を付けてみる →花園 輝美

年齢・性別・既婚/未婚など… →29才・独身女性（現在彼氏なしだが
結婚も気になる）

職業など… →IT系企業勤務。入社4年間は営業だったが、この3年は
人事部勤務。外出機会はほとんどない。

外見は？ →目鼻立ちがはっきりした顔立ち。身長157センチ・体重はヒミツ（でも服の
サイズは9号）。最近基礎代謝が落ちてきたのか、以前は「小柄でちょっと
ぽっちゃりでカワイイ」と言われていたが、いわゆる男性の好きな「ぽっちゃ

り」の範囲を超えてきた気がして焦っている。服装には一応気を遣っているつ
もりだが、たまに会社帰りにルミネをのぞくも、ショップ店員とのやりとりが
面倒で、H&Mが気軽でいいと思っている。ただ、最近はたくさんの中から選
んだりいちいちフィッティングするのが面倒で足が遠のきがち。ネットの
「ZOZOTOWN」でコーディネート例を見てポチッとしてしまうことも多い。

性格など… →合理的な考え方が好きで、無駄なことはしたくない。物事を信じるなら裏
付けを求めるタイプ。一方、一つのことを長続きさせるのは苦手な方で、特
に嫌なことからは逃げがち。子供の頃には通信教育を何度も挫折した。

**どこで、どんな
暮らしをしている？** →茗荷谷のワンルームで一人暮らし。仕事が遅くなると帰路のコン
ビニで弁当を買って済ませてしまうことも多い。弁当とさらにスイ
ーツを一品買ってしまうのが致命傷だと自覚はしているがやめら
れない。

趣味など… →演劇・ミュージカル・映画鑑賞が趣味。インドア派でカラダを動かす趣味
は敬遠しがち。

**その商品に対する
思い入れなど…** →ダイエット食品などを真剣に摂るのには抵抗があるので、普段飲ん
でいる炭酸水と置き換えるだけでいいのが気に入っている。×××も
効果ありそうで気になっていたが中年が必死で飲んでいるイメージが
あって手が出しにくかった。〇〇〇は商品名の響きもボトルのデザイ
ンも女子っぽくて良い感じがする。

ペルソナの言葉

私、課長と一緒の
×××じゃ
イヤなんです！

4章 ターゲティング — ターゲティングの5R

構築となる。

① デスクリサーチ

　5R の判断に用いた属性を膨らませて考える。膨らませるための情報ソースとしては、インターネットなどでのデスクリサーチが主となる。SNS や EC サイトに書き込まれた商品レビューなども大いに参考になる。

② 議論と概要の構築

　デスクリサーチの結果を元に、社内関係者とディスカッションし、上に挙げたような項目を作り込んでいく。

③ インタビュー

　絶対に避けなくてはならないのが、ペルソナを個人や社内関係者の「想像・妄想」だけで作ってしまうことだ。それは単なる「思い込み」にしかならない。検証が必要なのだ。そこで、概要を作ったペルソナに近い人にインタビューをして、考えたことが現実なのか否かを検証する。時間とコストがあるなら、調査会社を使ってアンケート回答者を募り、「フォーカスグループインタビュー」を行なうと確実だ。

　しかし、そこまでしなくても、自分の半径5メートル内にいる同僚・上司・家族・友人・知人などでペルソナに近い人を探してみるといい。案外いるものだ。その人に直接話を聞いてみる「半径5メートルのリサーチ」でも十分に参考となるはずだ。

④ 議論と詳細の構築

　インタビューで裏づけを得た内容を元に、さらに詳細を検討し、関係者で議論してペルソナを完成させる。

資生堂「シーブリーズ」

● シーブリーズという製品

　ターゲティングの事例として、資生堂の「シーブリーズ」を考えてみたい。シーブリーズは 1969 年に J. W. BROOKS & CO., シー・ブリーズ・ラボラトリーズ・インコーポレイテッド（米国法人）が日本市場に参入し、1982 年にブリストル・マイヤーズ社に日本での販売権が譲渡され、1983 年にはテレビ CM も展開した化粧品ブランドである。ラインアップにはシャンプーなどのヘアケア製品と、パウダー入りローションのデオドラント製品などがある。2000 年にはブリストル・マイヤーズ スクイブ社から資生堂ファイントイレタリーがブランドを買収したが、その後売上が低迷。2007 年にターゲットを大きく変えてリニューアルしてヒット商品となった。その経緯を見ていこう。

● シーブリーズを取り巻く市場環境の変化

　シーブリーズといえば、海に行く若者のボディーケア用品の代名詞となっていたが、製品リニューアルにおいて、ターゲットをハイティーン女性（主に女子高生）に大きく舵を切ったのである。実際のターゲティングに関する意思決定の過程は明らかにされていないが、当時の市場環境の変化から、どのような検討がなされたのかを推測してみたい。

　シーブリーズの主力であるボディーローションは、白いボトルにブルーのロゴマークが記された印象的な商品で、1980 ～ 90 年代にマリンスポーツをやっていた層で知らない人はいないはずだ。しかし、市場環境が大きく変化しはじめた。財団法人余暇開発センター発行の『レジャー白書 2000』によると、「海水浴参加者数」は 1995 年の 3,020

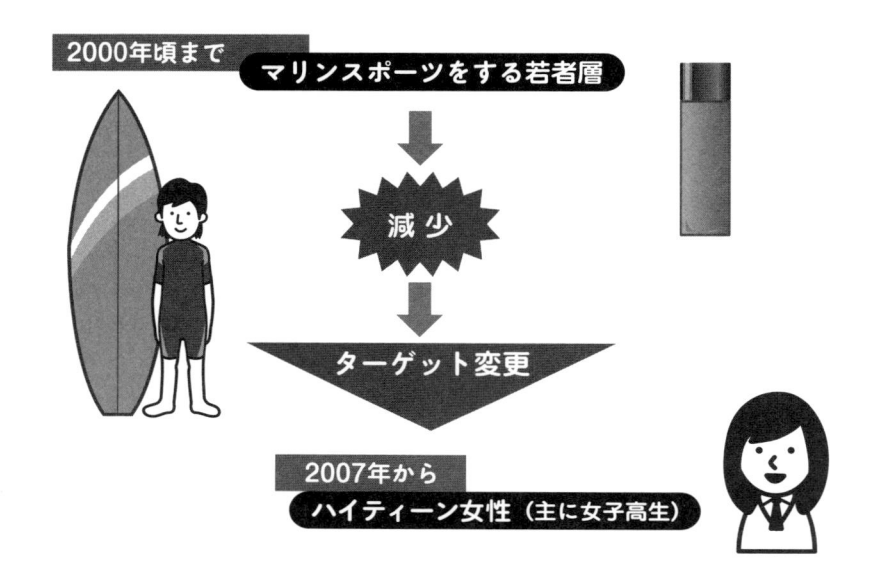

図24 「シーブリーズ」のターゲット変更

2000年頃まで

マリンスポーツをする若者層

減 少

ターゲット変更

2007年から
ハイティーン女性（主に女子高生）

万人から1999年には2,360万人へと約22％減少している。さらに、リニューアル後のデータになるが、『レジャー白書2010』によれば2009年に1,680万人まで減少している。海に行く層が減れば、製品の使用機会も減少する。そこで、資生堂は大きくターゲットを変え、ブランドのリニューアルを図ったのである。

　前述の通り、ターゲットはハイティーン女性（主に女子高生）に変更。製品の提供価値も「海に入った後の肌のケア」から、「日常の汗をかいた肌のケア」に変更。「シーブリーズ デオ＆ウォーター」という商品名で、ブルーに白のロゴが入り、カラフルなキャップがついた、カバンに入れて持ち歩きやすい小型のボトルが採用された。

◉ リニューアル前のターゲットのポテンシャル

　こうした大幅なターゲット変更は、はたしてどのようなターゲティング的な魅力度があったのかを推測してみよう。1999年時点のデータを用いて考える。

1999 年の「海水浴参加者」2,360 万人中、何らかの「海から上がった後の肌のケア」をしている割合を、「（ケアの）意識の高い人」として、まず、その市場規模を推測してみる。ロジャーズの「イノベーション普及論」によれば、ある市場におけるターゲットタイプの分布の割合は、「イノベーター（新しい物好き）」と「アーリーアダプター（目利き）」を合わせると 16% となるので、市場の母数は 377 万 6,000 人と仮定できる。377 万 6,000 人のうち、どれぐらいがシーブリーズを使用しているかは、市場シェアの目安である「クープマンの目標値」（図 25）で考えると、「相対的安定シェア＝ 41.7%」を取っていると仮定し、157 万 4,592 人がユーザーだと考えられる。その顧客がシーブリーズを使うのはおもに海に行く時なので、反復購入はさほど多くないと仮定し、年間購入回数は 1.1 回とすると、のべ 173 万 2,051 人ということになる。

◉ リニューアル後のターゲットのポテンシャル

一方の「女子高生」については、統計局が公表している国勢調査の結果から、2000 年当時の 16 歳〜 18 歳女性を女子高生と仮定して（実際は 15 歳の高校 1 年生や 18 歳の高校卒業者がいるが、そこは相殺とする）、合計 219 万 9,000 人の市場の母数。「汗のケア」をしているのは、「レイトマジョリティー（慎重な大衆層）」までの 84% として 184 万 7,160 人。「汗のケア」という用途に使える競合のローションや、拡大して考えれば代替品となり得る制汗スプレーなどの中で取れるシェアを、「並列的上位シェア :19.3%」まで食い込めるとすると、ユーザー数は 35 万 6,502 人が見込める。「汗のケア」は、年間を通じて行なわれ、2 ヶ月に 1 回購入（年間 6 回）とすると、のべ 213 万 9,012 人ということになる。

以下、上記の仮説の前提で「5R」を検証してみる。
「規模」は、ターゲットセグメントの絶対数としては「海に行く人」より「女子高生」は劣るものの、使用頻度による購買回数まで考えたのべ人数だと魅力が勝ることになる。

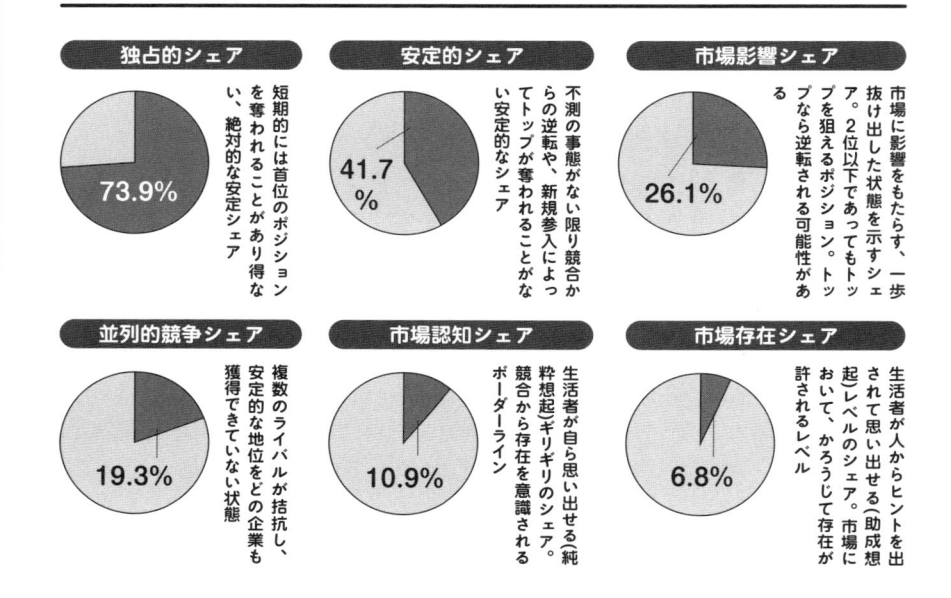

図25　クープマンの目標値

独占的シェア 73.9%
短期的には首位のポジションを奪われることがあり得ない、絶対的な安定シェア

安定的シェア 41.7%
不測の事態がない限り競合からの逆転や、新規参入によってトップが奪われることがない安定的なシェア

市場影響シェア 26.1%
市場に影響をもたらす、一歩抜け出した状態を示すシェア。2位以下であってもトップを狙えるポジション。トップなら逆転される可能性がある

並列的競争シェア 19.3%
複数のライバルが拮抗し、安定的な地位をどの企業も獲得できていない状態

市場認知シェア 10.9%
生活者が自ら思い出せる（純粋想起）ギリギリのシェア。競合から存在を意識されるボーダーライン

市場存在シェア 6.8%
生活者が人からヒントを出されて思い出せる（助成想起）レベルのシェア。市場において、かろうじて存在が許されるレベル

「成長性」に関しても、「少子高齢化」という市場全体の動きはあるものの、「海水浴参加人数」の4年間で約22％減までの減少の恐れはない。
「波及効果」に関しては、「海水浴参加者」という分散的な利用者層より、学校・教室内で日常的にコミュニケーションをとっている女子高生のほうが、口コミ発生の期待度は高い。また、家族内の対象年齢前後の姉妹や母親に対する波及効果も考えられる。
「到達可能性」は、情報感度の高い層なので、各種のマス広告のメディアや、2000年当時はインターネットの普及も本格化した時代なので、ネットでのコミュニケーションも可能であり、ターゲットとの親和性は高いと言える。
「競合関係」としては、競合、代替品共に存在しているが、新しいものに対する関心度が高い層なので、プロモーションをうまくやれば、前提となる19.3％程度のシェアは早期に達成できると思われる。
　以上のように、大幅な変更は十分理にかなっていたことがわかる。

5章 ポジショニング

メインフレームワーク
▶ ポジショニングマップ (P.85)

ポイント

ターゲットの KBF（購買決定要因＝買う理由）を洗い出し、優先順位の高いものから訴求すべき "軸" を抽出する。

◎ マーケティングの要であるポジショニング

　ターゲットが確定したら、そのターゲットに向けて自社、およびその製品・サービスの価値、もしくは、魅力をどのように訴求すれば選んでもらえるのか？　ということを考える必要がある。それが「ポジショニング」を考える段階だ。つまり、STP(セグメンテーション・ターゲティング・ポジショニング)とは、市場の顧客候補群の中の(セグメンテーション)、誰に(ターゲティング)、何を伝えるのか？(ポジショニング)であり、マーケティングの心臓部だ。その仕上げの部分がポジショニングなのである。現代マーケティングの大家であるフィリップ・コトラーも「マーケティングで最も重要なのは、ポジショニングである」と著書の中で述べている。なぜなら、ポジショニングで決めた「自社、および製品・サービスの魅力の打ち出し方」に従って、次の段階である、具体的な「施策立案」＝「マーケティングミックス (4P)」が組み立てられていくことになるからである。

「魅力の打ち出し方」を考える

● ポジショニングの定義

　大ヒット商品である、Wii や Nintendo Switch で遊んだことがある人は多いだろう。その時、どのように遊んで、どう楽しかったのかを思い出して欲しい。おそらく、多くの人が 1 人で遊んだのではなく、仲間や家族とワイワイと、団らんしながら遊んだのだろう。

　その時、手元の操作ではなく、身体を使って楽しんだのではないだろうか。そんなシーンが頭に浮かんだら、それは Wii や Nintendo Switch のポジショニングが頭に刻まれているということになる。

　そもそもポジショニングとは、その定義を言えば、「顧客の頭の中で商品を"価値あるもの"と認識させ、そのイメージを植えつけること。その上で、競合と差別化を図ること」である。

　家庭用据え置き型ゲーム機の競合で言えば、ソニーの PlayStation があるが、その魅力は、「1 人黙々とやり込んで遊ぶ」「きれいなグラフィックを楽しむ」といったものではないだろうか。

　Wii や Nintendo Switch はその真逆なポジショニングを取って差別化を図っていることがわかる。そのため、ゲーム機最大の商戦であるクリスマスや年末年始のシーズンでは、売れ行きは競合するというより、棲み分ける形で共に売れる状態になっている。

Wii と Nintendo Switch

自社都合の軸を
考えないこと

● ポジショニングマップの「軸」は「KBF」

　Wii や Nintendo Switch の例で示したように、ポジショニングは多く
の場合、2軸の「ポジショニングマップ」で整理する。問題は、その2
軸をどのような要素で切るかということだ。ありがちなのが、自社が優
位性を示せそうな製品・サービスのスペックを使うことだ。しかし、そ
れでは自社に都合のいい「プロダクトアウト（製品志向）」の考え方に
なってしまい、顧客に刺さるとは限らない。軸はターゲットの「KBF(Key
Buying Factor ＝購買決定要因)」で切るのが大原則である。ゆえに、
ポジショニングの手前のターゲティングをよく考えることが重要だ。ま
た、その手前のセグメンテーションで「ニーズ」を洗い出しているはず
なので、そこも見直す必要がある。さらに、セグメンテーションの前の
環境分析の段階で、3C 分析の Customer の中で、顧客候補とその KBF
は一度考えているので、そこも参考にできる。「マーケティングは流れ
で読み解く」なので、ここまでの要素をよく見直すことが重要だ。

● ポジショニングマップ作成の手順

　ポジショニングマップを作るためには、まず、軸の元になるターゲッ
トの KBF を幅広く洗い出す。Wii や Nintendo Switch の例に戻れば、
家庭用ゲーム機を買う、家族で楽しみたいというニーズを持ったファミ
リーの KBF を考えれば、「家族みんなで楽しめること」「直感的な操作
で身体を使って楽しめること」「面白いゲームのタイトルが多数あるこ
と」「グラフィックがきれいなこと」「価格が手頃なこと」「設置場所を
取らないこと」……等が考えられる。

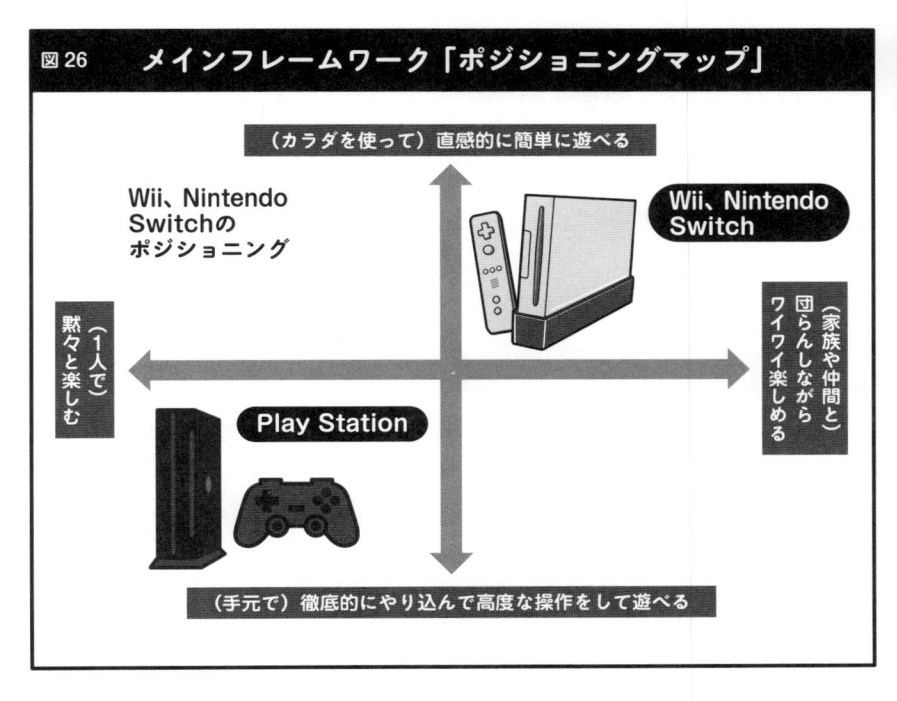

図26　メインフレームワーク「ポジショニングマップ」

（カラダを使って）直感的に簡単に遊べる

Wii、Nintendo Switchの ポジショニング

Wii、Nintendo Switch

（1人で）黙々と楽しむ

（家族や仲間と）団らんしながらワイワイ楽しめる

Play Station

（手元で）徹底的にやり込んで高度な操作をして遊べる

　一通りKBFを洗い出せたら、列挙したKBFの中でターゲットがどれを重要視するか、優先順位をつける。先の例であれば、やはり「家族みんなで楽しみたい」というニーズを持っているターゲットなので、「家族みんなで楽しめること」「直感的な操作で身体を使って楽しめること」が1番、2番となるだろう。3番目は、いろいろ楽しめたほうがいいので、「面白いゲームのタイトルが多数あること」。4番目が、家計も気になるので、「価格が手頃なこと」。5番目はおそらくリビングのテレビにつなぐので、「設置場所を取らないこと」。ゲームヘビーユーザーではないので、「グラフィックがきれいなこと」は、優先順位は一番低くなるのではないか。優先順位がついたら2軸のマップを作り、競合と一緒にマップに載せてみる。そこでよいポジションが取れればマップは完成だ。

　ただし、マップを書くことがポジショニングの目的ではないので、注意が必要だ。目的は**「顧客にとっての魅力の示し方を明確にすること」**である。ポジショニングマップ自体を顧客に見せることはほとんどない。このマップを意識して、製品の仕様や価格、販路やコミュニケー

ションの仕方など、つまり 4P を考えていくことになるのだ。しかし、マップのポジションを表わす言葉を考えることは重要である。Wii や Nintendo Switch のマップなら、「家族みんなで、身体を使ってワイワイ楽しめます」ということになるだろう。それが、「売り手の言葉」ではなく、顧客に刺さる「買い手の言葉」になっていることが正しいマップの条件だ。

● 「ポジショニング」と「ブランド」

　ちなみに、ポジショニングを突き詰めていくと、「ブランド」にたどり着く。マーケティングにおいてブランドとは、極めて重要な、それだけで 1 つの体系があるような特殊要素でもある。このため、初歩的なレベルの認識としては、ブランドはポジショニングを突き詰めたものと考えてよい。フィリップ・コトラーも欧州のプレミアムカーブランドのブランドコンセプトを、ポジショニングを表わす言葉として著書の中で紹介している。有名なのは、BMW の「地上最強のドライビングマシン」というポジショニングを表わす言葉だ。日本では、そこから「駆け抜ける喜び」という名キャッチコピーが開発されている。ボルボは「世界一安全な車」という言葉で表わされている。ボルボはそのポジショニングに従った製品作りで一貫していることがわかる。

● 不適切なポジションと修正方法

　もう 1 つ重要なのは、ポジショニングマップ上に並べて競合と差別化が図れるポジションが取れなかった時だ（図 27）。マップで考えれば、単独で右上のポジションを取る必要がある。同一象限に競合が入っているのは、差別化が図れていないことを意味する。上、または右側の象限に競合も含めてすべてが集まっている場合は、縦、または横の軸が効いていないということだ。それらの場合、軸を切り替えてマップを作り直す必要がある。優先順位 3 番目以降の KBF と替えてマップを作ってみるのである。優先順位が比較的上位の KBF に軸を切り替えてマップが成立すればよし。それで、ポジショニングを表わす言葉を作ってターゲッ

図27　　　　　ダメなポジショニングの例

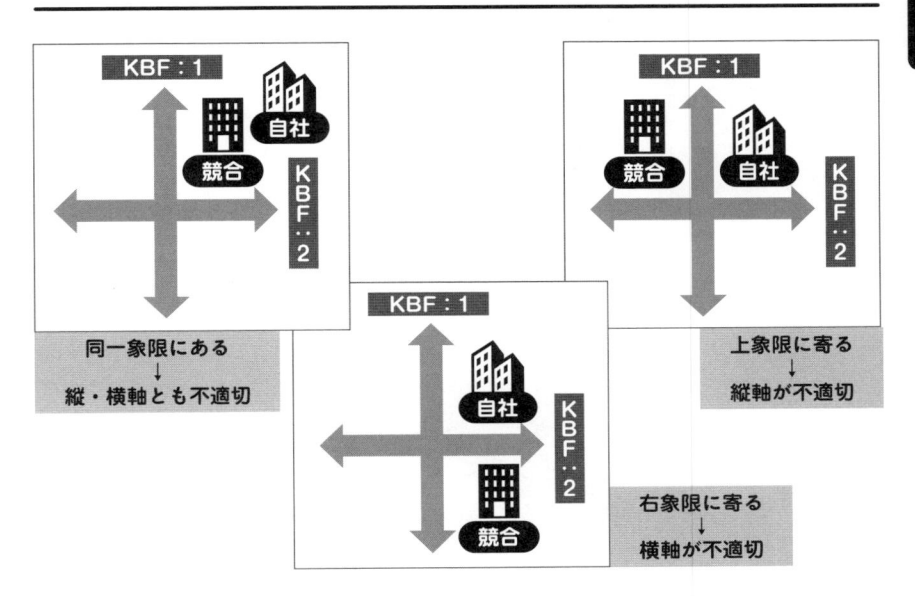

KBF：1

自社
競合
KBF：2

同一象限にある
↓
縦・横軸とも不適切

KBF：1

競合　自社
KBF：2

上象限に寄る
↓
縦軸が不適切

KBF：1

自社
KBF：2
競合

右象限に寄る
↓
横軸が不適切

トに刺さるか検証すれば完了となる。

　しかし、優先順位が低いKBFでないとマップが成立しないとすると、そのポジショニングはターゲットにとって魅力の低いものとなる。また、列挙したKBFではマップが成立しないこともある。それらの場合、「マーケティングの流れ」を戻ることが必要だ。ターゲティングに戻って、「5R」で魅力度判定をした結果、優先順位2番目になったセグメントをターゲットに置き直してポジショニングをやり直すのだ。やり直しても単独で右上のポジションが取れない場合は優先順位3番目のセグメントでやり直すということもあるが、そのように優先順位を下げていくと、魅力のないターゲットを取り込むことになる。その場合は、そもそもセグメントの作り方が間違っていると考えられるので、もう1つ手前の「セグメンテーション」の段階まで戻ってやり直すことになる。

　ポジショニングはマーケティングの心臓部分であり、ここで決めたポジショニングに従って具体的な施策である4Pが検討されることになるので、妥協することだけは避けなければならない。

パナソニック「Let's note」
（直販モデル）

◉Let's note の魅力とは？

　スマートフォンやタブレットが PC に取って代わろうとしている今日、こだわりを持って使い続けられている機種としては、iPhone と相性のいいアップルの Macintosh がまず想起されるかもしれない。実は、パナソニックの Let's note もビジネスパーソンを中心に根強い人気を誇っている。その Let's note のポジショニングを考えてみたい。

　Let's note ユーザーにその魅力を聞けば、異口同音に「丈夫さ」が挙げられるはずだ。パナソニックの Web サイトによれば、実際の満員電車で圧力を測定し、その結果を基に 100kgf 加圧振動試験を実施。100kg の圧力がかかる朝の通勤ラッシュにも耐えられる設計になっているとある。76cm（底面方向・動作時）、30cm（26 方向・非動作時）の落下試験や、天面と底面全体に均等に 100kgf で圧迫した状態での振動試験を実施し、実証しているとある。その堅牢さの秘密は、筐体構造にあることもユーザーにはかなり有名だ。同じく Web サイトの記述では、「独自の波形状リブ構造により、天板全体の軽量化・薄型化を実現しながら強度もアップ。さらに、フローティング構造を採用し、基板・ドライブ・液晶などの主要部分を衝撃や振動から守ります」とある。

　もう 1 つの魅力は、長時間のバッテリー駆動である。「優れた省電力設計を実現し、パナソニック独自開発の大容量バッテリーを搭載している」として、機種によっては約 21 時間という驚異的な駆動時間を誇るものもある。

　Web 直販モデルと法人向けモデルでは、ユーザーの使用環境に応じ

図28　Let's note（直販モデル）のポジショニングの例

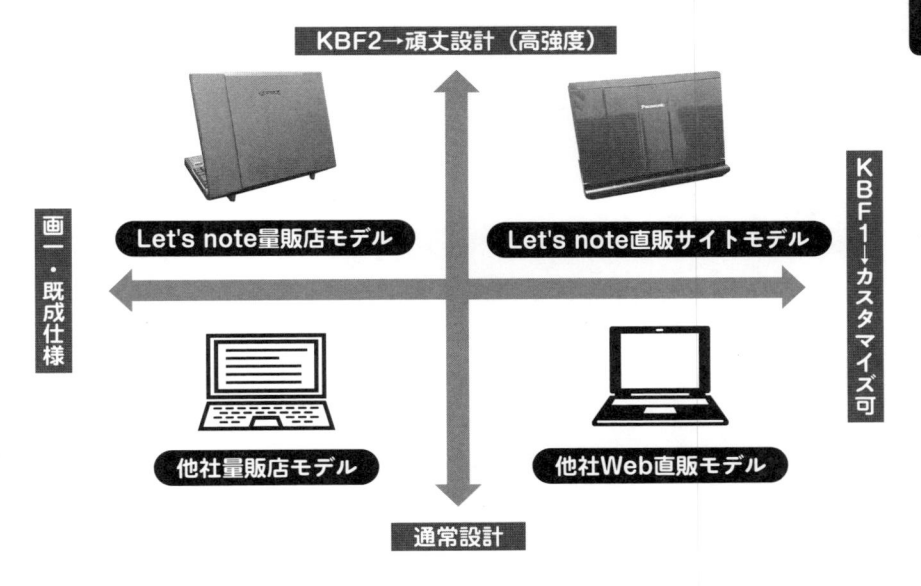

KBF2→頑丈設計（高強度）

画一・既成仕様

KBF1→カスタマイズ可

Let's note量販店モデル

Let's note直販サイトモデル

他社量販店モデル

他社Web直販モデル

通常設計

　て、スペック変更や指紋認証センサーの搭載など、多様なカスタマイズ
が可能なことも魅力だ。たとえば Web 直販モデルでは、CPU を Intel
CORE i7 の最上位スペックのものに、ストレージを 1TB の SSD にす
るなど、過剰ともいえるスペックを搭載することもできる。さらに、天
板や部品の一部、キーボードなどが好みの色から選べるという自由度も
ある。しかし、自由に超ハイスペックなカスタマイズをすると、価格
も跳ね上がる。Web 直販モデルでは、カスタマイズの結果、価格が 50
万円を超えることもある。嘘のような価格だが、本当だ。実に筆者がこ
の原稿を作成しているのがそれである。

◉Let's note 直販モデルのターゲット像

　そんな Let's note の、特に Web 直販モデルを購入するのは、どのよ
うなターゲット像なのだろうか。例として筆者をペルソナ的に描いてみ
ると、「原稿やプレゼン資料の作成など、業務の大半を PC に依存して
おり、故障で業務がストップすることがないようにしたい。オフィスの

デスクにずっと居ることは少なく、打ち合わせと打ち合わせの間、カフェなどの出先で業務をする時間も長い。PC は社から支給されるような形ではなく、自分のこだわりの仕様を、ある程度価格より優先して購入することができる自営業者」ということになるだろう。

◉KBF の洗い出し

ターゲットが明確になったら、ポジショニングを考える作業に入る。まずはその KBF を洗い出す。ビジネスパーソンに人気の「ブランド」である。修理に時間を取られる心配がない、100kgの荷重に耐えられる「頑丈設計」だ。長時間の業務でも問題がない「長時間駆動」。にもかかわらず、持ち歩きに負担の少ない「軽量設計」でもある。業務効率が上がる「高性能 CPU」が選択できる。客先で個性がアピールできる「天板の色が選べる」カスタマイズが可能……などである。

KBF を列挙したら、重要度をつける。1 番は「高性能 CPU」と「天板の色」が選べることが同率首位だが、これは「カスタマイズができる」という要素でまとめることができる。このように、同じ意味合いの内容の KBF は 1 つにまとめると整理がしやすい。2 番目は「頑丈設計」の安心感だ。3 番目は「長時間駆動」、4 番目は「軽量設計」、5 番目が Let's note という「ブランド」という感じである。

◉Let's note 直販モデルのポジショニングマップ

上記からして、ポジショニングマップの軸は「カスタマイズができる」×「頑丈設計」の 2 軸ということになる。この 2 軸の上に、競合、および比較対照する存在を並べてみる。「他メーカーの量販店モデル」と、自社「Let's note の量販店モデル」、「他メーカーの（スペックが選べる）Web 直販モデル」と比較すると、図28 のように、ターゲットにとって最も魅力的な右上のポジションを Let's note の Web 直販モデルが取ることができている。ポジショニングを表わす言葉としては、「業務効率が高く、個性を発揮できるようなカスタマイズマシンが、頑丈設計で故障の心配なく使い続けられます」ということになる。

サントリー「伊右衛門 特茶」

◉「伊右衛門 特茶」の重点ターゲット

3章で取り上げた、サントリーの「伊右衛門特茶」登場期のポジショニングを考えてみよう。「ヘルシア緑茶」が取れていない「ホワイトスペース」を探したが、そこでのセグメントは3つあった。ヘルシア緑茶の「イメージが合わずに避けている層」と、「効果が信じられなくて手を出していない層」、「試してはみたものの、味が受け入れられなかった層」である。イメージに関しては、「伊右衛門ブランド」の象徴である本木雅弘と宮沢りえを使った広告訴求が効果的だと考えやすいので、その他2つのセグメントを重点ターゲットとして考えてみたい。

◉KBF とポジショニングマップ

「効果が信じられなくて手を出していない層」、「試してはみたものの、味が受け入れられなかった層」のKBFは何より「機能に対する納得性」と「味のおいしさ」だろう。その2つで軸を作ってみる（次ページ図29）。

「効果への納得性」のために、特茶は「分解〜燃焼という"メカニズム"」を訴求している。それに対し、ヘルシア緑茶は「燃焼するという"イメージ"」の訴求にとどまっていた。

「味」に関しては、「伊右衛門ブランド」を前面にして、定評のある「おいしい」という味への信頼感を打ち出していた。それに対し、ヘルシア緑茶は「濃さが効く」という訴求をしていた。ヘルシア陣営は、味の改善は苦みの強い「ヘルシア緑茶」から、徐々にそれを感じさせないような「ヘルシアウォーター」「ヘルシアスパークリング」という製品を投

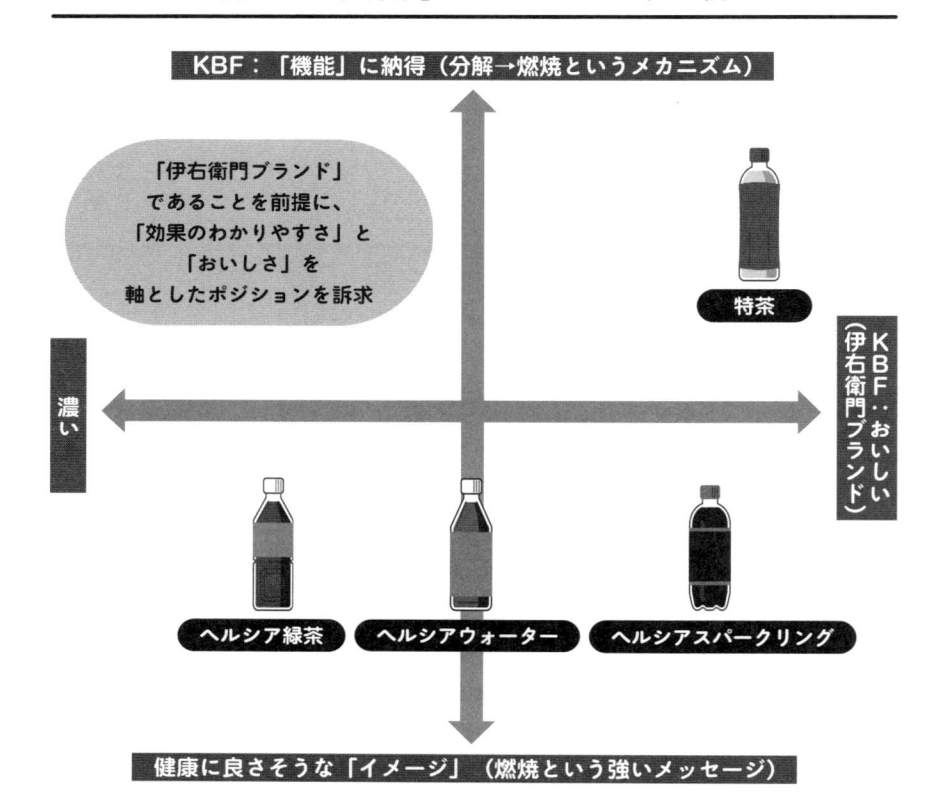

図 29　「伊右衛門 特茶」のポジショニングの例

KBF：「機能」に納得（分解→燃焼というメカニズム）

「伊右衛門ブランド」であることを前提に、「効果のわかりやすさ」と「おいしさ」を軸としたポジションを訴求

特茶

濃い

KBF：おいしい（伊右衛門ブランド）

ヘルシア緑茶　　ヘルシアウォーター　　ヘルシアスパークリング

健康に良さそうな「イメージ」（燃焼という強いメッセージ）

入してポジションを改善しているが、効果訴求に関しては言及できていなかった。ゆえに、横軸に一列に並ぶ形となる。右上のターゲットにとって最も魅力あるポジションを「伊右衛門特茶」が獲得できていることがわかる。ポジショニングを言葉にしてみれば、「あの、伊右衛門ブランドから、おいしい、体脂肪を分解して燃焼する"特茶"誕生」という感じになる。それを訴求したのが、先に紹介した当時のCM、「丸太はそのままでは燃えない。だから、分解」と、「苦いトクホの時代は終わったようです」である。

6章
製品戦略

メインフレームワーク
▶ 製品特性分析 (P.97)

サブフレームワーク
▶ プロダクトライフサイクル (P.99)
▶ 製品コンセプト (P.101)

ポイント

製品が顧客にもたらす価値を
3つの階層に切り分けて、
重要度を明らかにする。

◎ マーケティングミックス

　前章「ポジショニング」にて、「ターゲットに対する価値の示し方」を明らかにしたが、この「製品戦略（Product）」から、その「価値の示し方」を4つのPの要素で具体的に考えていくパート、「施策立案」に入る。「4P」とも言われるが、「マーケティングミックス」という呼び方のほうが正確だ。なぜなら、4つを個別要素で考えるのではなく、総合的に4つの要素を「ミックスして」、効果を最大化することがカギとなるからだ。

◎ 製品戦略を考える前提

　マーケティングミックスのProduct＝製品戦略を考える時に最も重要なのは、「プロダクトアウト（製品志向）」にならないことである。そのためには常に「顧客にとっての価値」を考えることが肝要だ。つまり、「マーケティングの流れ」で言えば、特に「ターゲットとProduct（製品）との整合性」が重要である。また、ターゲットに対する魅力の示し方である「ポジショニングとProduct（製品）との整合性」も重要だ。そして、それらの整合性を図るための基本的フレームワークが「製品特性分析」である。本章では、製品特性分析を中心として、そこから派生的に関連する考え方を2つ解説したい。

製品とは
「価値」の集合体

◉製品特性分析

　製品戦略を考える際には、大きく分けて２つのシーンが考えられる。１つは、新製品を作り出そうとする時。もう１つは、既存製品のテコ入れをしようとする時だ。

　まず、新製品の戦略に関しては、市場環境とターゲット顧客のニーズから考えてさまざまなアイデアを出すことになるが、そこで考えられた製品の価値が顧客にとってどのような価値をもたらすのかを常に意識する必要がある。

　また、既存製品のテコ入れに関しても、その製品が顧客にもたらす価値を明らかにして、どこを強化すべきなのかを考える必要がある。

　それら、２つのシーンで用いるフレームワークが、「製品特性分析」である（図30）。製品特性分析とは、「その製品が顧客にどのような価値をもたらすのか」を階層的に考えたモデルである。

　３層モデルと５層モデルがあるが、ここではシンプルな前者を紹介する。３層とは、「中核」「実体」「付随機能」であり、「中核」とは、「その製品を手に入れることで実現したい、中核的な便益」、「実体」とは、「中核的な便益を実現するために欠かせない、製品が持つべき要素」、「付随機能」とは、「中核的な便益に直接影響は与えないが、存在することによって製品の価値が高まる要素」である。

　詳しくは102ページの「フレームワークの使い方」で事例と共に考えていこう。

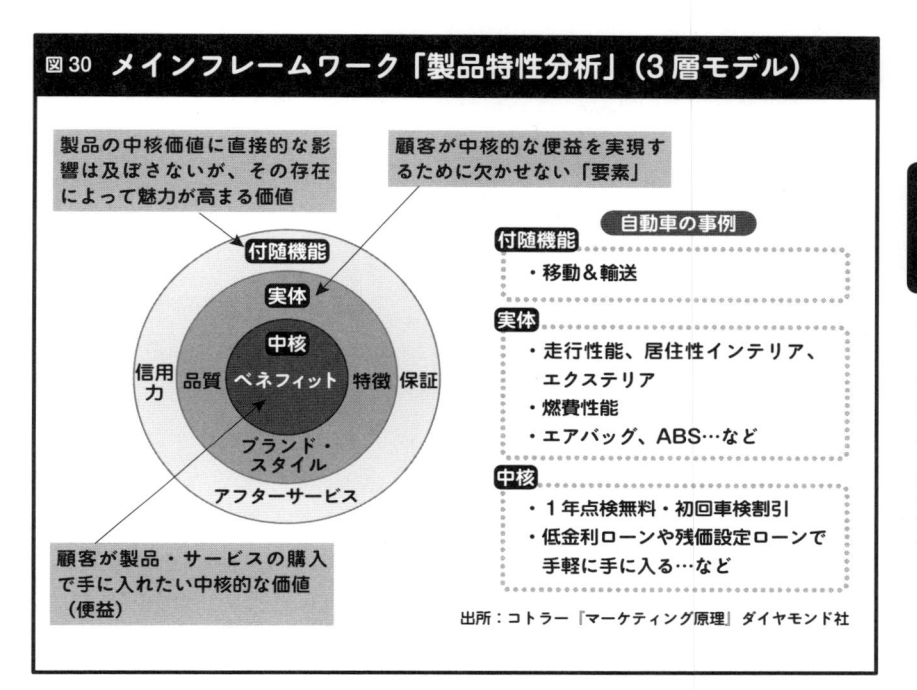

図30 メインフレームワーク「製品特性分析」(3層モデル)

製品の中核価値に直接的な影響は及ぼさないが、その存在によって魅力が高まる価値

顧客が中核的な便益を実現するために欠かせない「要素」

付随機能
実体
中核
ベネフィット

信用力 品質 特徴 保証

ブランド・スタイル
アフターサービス

顧客が製品・サービスの購入で手に入れたい中核的な価値(便益)

自動車の事例

付随機能
・移動&輸送

実体
・走行性能、居住性インテリア、エクステリア
・燃費性能
・エアバッグ、ABS…など

中核
・1年点検無料・初回車検割引
・低金利ローンや残価設定ローンで手軽に手に入る…など

出所:コトラー『マーケティング原理』ダイヤモンド社

●プロダクトライフサイクル

　もう1つ必要となる考え方が、「プロダクトライフサイクル」である(図31)。プロダクトライフサイクルとは、製品が市場に投入されて売れはじめてから、やがて廃れていくまでの、いわば、モノの一生における変化を表わすもので、ロジャーズの「イノベーション普及論」が元になっている。プロダクトライフサイクルを考えることで、当該製品の普及に伴うターゲット層の変化と、求められる製品の価値の変化、取るべき戦略の変化などを明らかにすることができる。

　製品の市場投下から衰退までを大きく4つのステージ、「導入期」「成長期」「成熟期」「衰退期」に分けて考えるのが基本となる。

　まず、ステージごとに製品を使用・購入するターゲット層が異なる。「導入期」の初期においては、「イノベーター」と呼ばれる、当該市場に2.5%存在するとされている層が動く。「イノベーター」は、いわばマニア層であり、広告宣伝などのコミュニケーションをしなくとも、「新製品情報」などのPRだけで興味を持って飛びついてくる。しかし、マ

ニアの仲間内だけで情報が閉じているため、他の層への波及効果は小さい。

　導入期において次に動くのが 13.5％ 存在する「アーリーアダプター」である。この層は「目利き」であり、マニアのようにすぐ飛びつくのではなく、その製品の価値を十分に見極めてから採用する。発信力が高いのも特徴なので、この層の採用が進むと、次の層に飛び火する。

「導入期」には、競合となる存在はいないか、ごく少数で、とにかく市場を作り、それを拡大していくことが戦略目標となる。なお、イノベーターとアーリーアダプターの数字を合わせると 16％ になる。そこを超えると製品の普及に弾みがつくとされている。

「アーリーアダプター」の次は「アーリーマジョリティー」が動き出す。つまり、「目利き」から「気の早い大衆」に着火するわけだが、前述の「普及に弾みがつく」という理由は「大衆層」が動き出すからだ。そしてステージとしては、一気に「成長期」に入る。アーリーマジョリティーを「気の早い大衆」と訳したが、その名の通り、目利きであるアーリーアダプターの様子を見て、「あの詳しい人が採用したなら間違いない」と、比較的早く手を出す層である。当該市場に 34％ 存在するとされており、ここまでで普及率は 50％ となる。

「成長期」は競合関係が激しくなってくるので、その中でいかにシェアを最大化するかが戦略目標になる。

　大衆の中でも、すぐには手を出さない層が、その次の「レイトマジョリティー」＝「慎重な大衆」である。この層が動き出す頃には、製品は「成熟期」を迎えている。この時期は競合も一定数で安定するようになり、その中でシェアをいかに守るか、が戦略目標になる。

　最後に動くのは「ラガード」＝「流行遅れ」の層だ。市場に 16％ 存在すると言われており、この層が動く頃には市場は「衰退期」を迎え、競合も撤退するなどして減少していく中、生産の効率化を図ることなどが戦略目標になる。

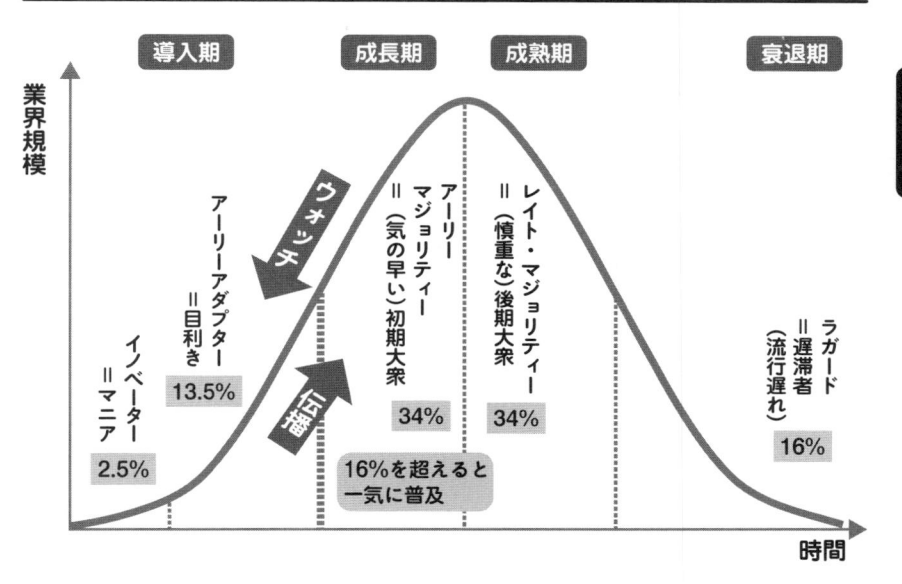

図31　「プロダクトライフサイクル」

導入期　成長期　成熟期　衰退期

業界規模

ウォッチ

伝播

アーリーアダプター ＝目利き 13.5%

インベーター ＝マニア 2.5%

アーリーマジョリティー ＝（気の早い）初期大衆

レイト・マジョリティー ＝（慎重な）後期大衆

34%　34%

16%を超えると一気に普及

ラガード ＝遅滞者（流行遅れ） 16%

時間

●プロダクトライフサイクルと製品特性分析の関係

　プロダクトライフサイクルと製品特性分析の3層は密接に関係している（図32）。

　導入期のイノベーターとアーリーアダプターは、とにかく「わかっている人」なので、製品の「中核的便益」だけを伝えれば採用する。次の成長期のアーリーマジョリティーも、比較的感度のいい層なので、「中核的便益を実現するために欠かせない要素」＝「実体」をわかりやすく伝えれば採用する。しかし、成熟期と衰退期のレイトマジョリティーとラガードは、新しいモノに対する感度が低いため、「中核的な便益に直接関係ないが、あると価値が高まる要素」、いわば「おまけ」的な要素＝「付随機能」まで提示しないと採用行動をしない。

　つまり、自分が何らかの製品を扱う立場だとしたら、その製品のライフサイクルを正しく認識して、そのステージで動くターゲットはどのような層で、どんな特徴を持っているのか、また、それに対してどのような価値の提示の仕方をしなければならないかを認識しておくことが重要

なのである。

●製品コンセプト

　製品コンセプトとは、製品特性分析で明らかにした当該製品の価値を「売り手の言葉」から、「買い手の言葉」に変換するために用いる考え方だ（図33）。簡単に言えば、その製品・サービスを用いると、どのようにいいことがあるのかを5W1H的にまとめていくのである。

　その製品・サービスを、
「When」＝いつ用いるのか？
「Who」＝誰が用いるのか？
「Where」＝どこで用いるのか？
「What」＝何のために用いるのか？
「How」＝どう用いるのか？
　そうすると、「Benefit」＝どのような便益があるのか？
「Why」＝その便益が実現できる理由・根拠は何か？
　とまとめるのだ。この整理によって、その製品・サービスが用いられるシーンやその理由、また、なぜそれが実現できるのかという根拠までを、ストーリーをもって明らかにすることができるのである。そのためにも、「Who」＝ターゲットとの整合性と、「Benefit」＝ポジショニングとの整合性が重要であることは言うまでもない。

図 32　プロダクトライフサイクルと製品特性分析

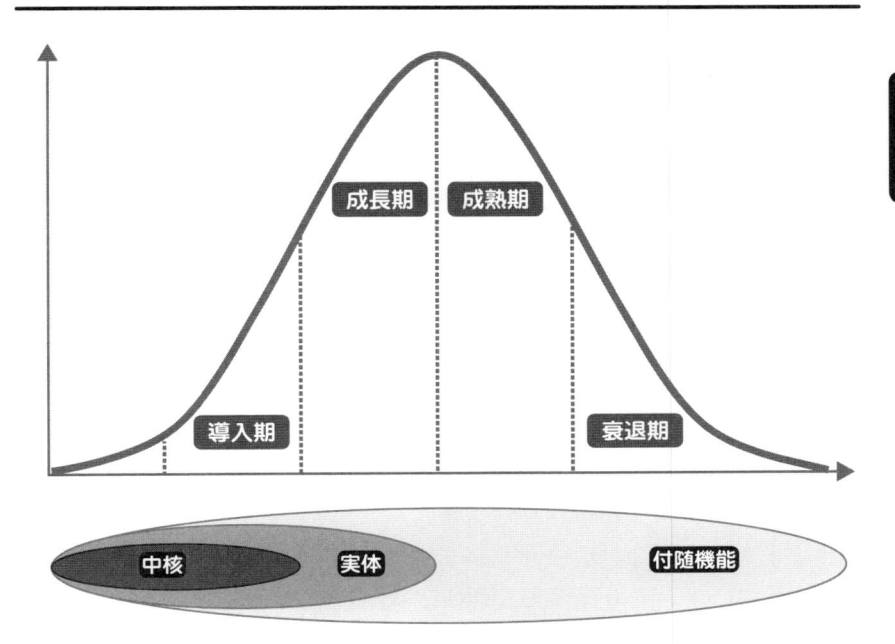

成長期　成熟期

導入期

衰退期

中核　　実体

付随機能

図 33　「製品コンセプト」

When		いつ使うのか？
Who		誰が使うのか？
Where		どこで使うのか？
What		何のために使うのか？
How		どう使うのか？
Benefit		便益は何か？
Why		なぜ、その便益が実現できるのか？

顧客への提供価値を
明確にする

◉ 製品特性分析（3 層モデル）

「中核」は、前述の通り、その製品によって実現したい中核的な「便益」
なので、製品のスペックを示すものではない。たとえば、「自動車」と
いう製品なら、「移動する」「輸送する」などがそれにあたる。

「実体」は、その便益を実現するために欠かせない要素なので、スペッ
クはこちらに入る。自動車なら、「移動する」を実現する「走行性能」、「輸
送する」を実現する「居住性」がそれにあたる。その他、今日自動車に
求められる「欠かせない要素」である「燃費性能」や「安全性能」も「実
体」となる。また、「ブランド」もこの「実体」に入るとされる。

「付随機能」は、中核に影響を及ぼさないが、あると価値が向上する要
素なので、自動車なら「低金利ローンや残価設定ローンが組める」といっ
た購入時のサポートや、「点検が無料、車検が割引になる」といった購
入後のアフターサービスなどが該当する。

　製品特性分析の注意点として、ターゲットによって価値構造が異なる
ので、ターゲットとの整合性に留意することが挙げられる。

　トクホ飲料のサントリー「黒烏龍茶」を例に取ろう。一般的なユー
ザーにとっては、飲料なので、「中核」は「喉を潤す」だ。「実体」は「食
事によく合う味わい」。付随機能は「食事の脂の吸収を防げる」となる
だろう。しかし、ターゲットを「メタボ解消に必死な層」に置いた場合、
実現したい中核的な便益である「中核」は「食事の脂の吸収を防げる」で、
「実体」が、その食事の時に欠かせない要素である「喉を潤す」となり、
中核に直接影響を与えないが、食事の際に価値を高める「食事によく合

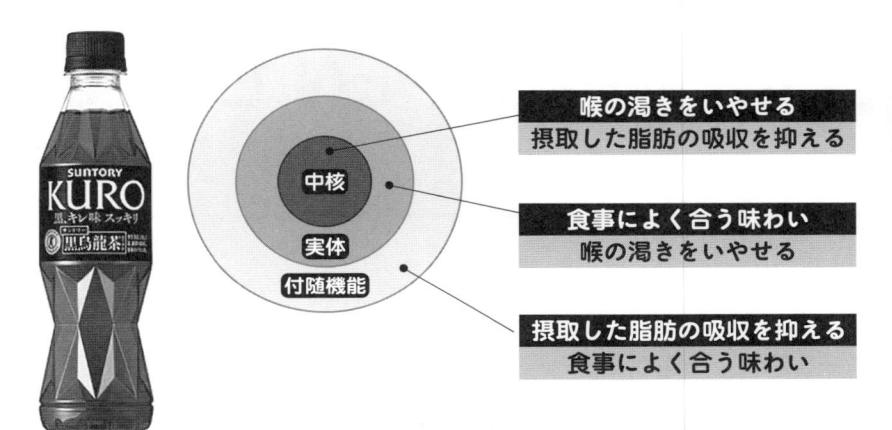

図34　黒烏龍茶の製品特性分析

喉の渇きをいやせる
摂取した脂肪の吸収を抑える

食事によく合う味わい
喉の渇きをいやせる

摂取した脂肪の吸収を抑える
食事によく合う味わい

中核
実体
付随機能

上段：一般的な飲料ユーザーにとっての製品特性（価値構造）
下段：メタボを気にする層にとっての製品特性（価値構造）

　う味わい」という要素が「付随機能」になる。三層の階層が異なる、つまり、ターゲットによって重要なポイントが異なるので、どんなターゲットにアプローチするのかで訴求すべき内容が異なることがこれでわかるのである。

　前項「フレームワークの概要」で述べた、プロダクトライフサイクルの各ステージの特徴と、製品特性分析の3層の関係を図に示す。3層との関係と「コンセプト」の使い方は、次項の「Case」で述べる。

Case

デジタルカメラ
「OLYMPUS PEN E-PL9」

● Product の概要

「OLYMPUS PEN E-PL9」の製品特徴を挙げるなら、手ぶれを抑えた美しい写真や動画が撮影可能な「ボディー内手ぶれ補正」が備わっていること。「アートフィルター」によって多彩な表現の写真撮影が手軽に楽しめることなどに加え、自分撮りに特化した機能も搭載されている。自分撮り操作を快適にする下開きモニターや、モニターを回転させると自動的に起動する「自分撮りモード」がある。撮影した写真は、内蔵 Wi-Fi を使ってスマートフォンにその場で転送し、友人や家族と共有することができる。

● デジタルカメラの価値構造とプロダクトライフサイクル

さて、デジタルカメラという製品の価値とはどのようなものだろうか。まずは製品特性分析で考えてみる。カメラなので、「写真が撮れる」だ。それがデジタルカメラなので、「デジタルで写真が残せる」となるだろう。また、「きれいな写真」であって欲しいのは最低限のラインなので、「デジタルできれいに写真が残せる」が中核的な便益となる。図のようにプロダクトライフサイクルの中で考えれば、デジタルカメラの導入期はその中核的な便益を実現するための戦いであった。カシオの「QV10」が30 万画素の性能で大ヒットしたが、それ以降、デジタルカメラ各社は「画素数競争」を続けた。「デジタルできれいに写真が残せる」という中核的便益を実現させるために欠かせない要素である「実体」は、「レンズの性能がよい」や、使いやすさを実現する「コンパクトなボディー」などが挙げられるだろう。

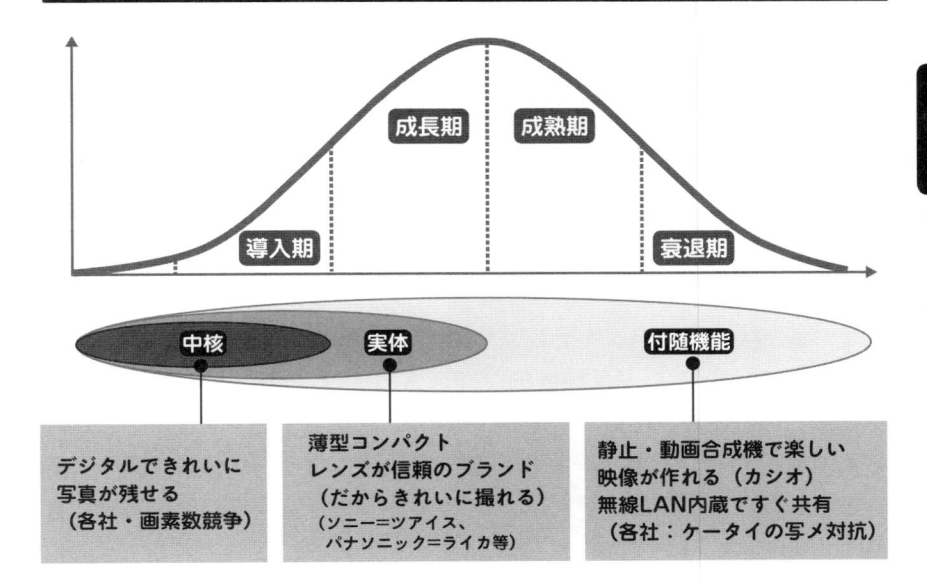

図35 デジタルカメラのプロダクトライフサイクルと製品特性

成長期

成熟期

導入期

衰退期

中核

実体

付随機能

デジタルできれいに
写真が残せる
（各社・画素数競争）

薄型コンパクト
レンズが信頼のブランド
（だからきれいに撮れる）
（ソニー＝ツアイス、
　パナソニック＝ライカ等）

静止・動画合成機で楽しい
映像が作れる（カシオ）
無線LAN内蔵ですぐ共有
（各社：ケータイの写メ対抗）

　画素数競争が一段落して、成長期に入った時点で各社は「実体価値」
の戦いに移行した。「レンズの性能のよさ」では、ソニーはドイツのカー
ル・ツアイス社のレンズを搭載した。パナソニックは同じくドイツのラ
イカのレンズを搭載した。「コンパクトなボディー」に関しては、高画素・
高性能な機能を詰め込むのはカシオのお家芸だ。

　その後、成熟期以降は携帯電話の搭載カメラがデジタルカメラの代
替品になった。さらにその後、スマートフォンや iPhone などが普及し、
そのカメラ性能がデジタルカメラと遜色ないものになってから、各社は
何とかその機能に追いつくか、それにない機能を盛り込むことに必死に
なった。各社が採用した「付随機能」は、「Wi-Fi 対応ですぐにシェア
できる」が挙げられる。また、カシオは独自の付随機能として、「撮影
した静止画と動画を合成して楽しい映像が作れる」という機能を盛り込
んだりした。いずれも、「付随機能」なので、「きれいにデジタルで写真
が残せる」とは直接関係のない、「おまけ」的な要素ともいえるだろう。
製品特性の求められる価値がプロダクトライフサイクルで変化していく

ことがわかったと思う。

● 「OLYMPUS PEN E-PL9」の価値構造とコンセプト

「OLYMPUS PEN E-PL9」を見ていこう。同製品の価値を製品特性分析の3層で分解してみる。同カメラは「ミラーレス一眼レフ」であり、なにより、誰にでも扱いやすくきれいな写真が撮れることが特徴だ。「中核」は「誰にでも気軽にきれいな写真が撮れる」となる。それを実現させる「実体」は、「コンパクトな筐体・（ミラーレスなので）液晶で見たままの画像が撮れる・（一眼レフなので）交換レンズで思いのままの構図で撮れる」となる。付随機能は同カメラのセールスポイントの1つである、「自分撮りができる」と、オリンパスのお家芸である「フィルター機能でよりきれいな自分好みの写真に仕上げられる」などが挙げられる。しかし、以上はほとんど、カタログスペックであり、「売り手の言葉」だ。「買い手の言葉」に変換するために、「コンセプト」で考えてみよう。

「When」いつ用いるのか？　日常のふとしたイベントや旅行の時など
「Who」誰が用いるのか？　カメラ好き・自分大好きオシャレ女子が
「Where」どこで用いるのか？　自分のお気に入りの場所・シーンで
「What」何のために用いるのか？　友達と一緒（または自分自身）の綺麗な写真を残す
「How」どう用いるのか？　スマホ並みの扱いやすさで自撮りする
「Benefit」どのような便益があるのか？　スマホよりきれいな画質・定評のある交換レンズの使いやすさ
「Why」その便益が実現できる理由は何か？　大型のタッチパネル＆下開きモニター・自撮りモードを搭載しているから
　というようになるだろう。

　しかし、Web上のユーザーのレビューなどを見ると、この製品の「自分撮り機能」はあまり使われていないようだ。気軽に自撮りをするような使い方は、やはりスマホやiPhoneで済ませ、デジタルカメラを使う時は、じっくり写真を撮るような使われ方なので、「フィルター機

図36

OLYMPUS PEN E-PL9 のコンセプト

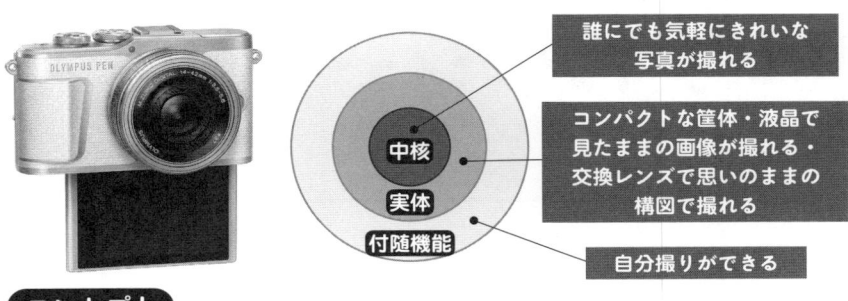

誰にでも気軽にきれいな写真が撮れる

コンパクトな筐体・液晶で見たままの画像が撮れる・交換レンズで思いのままの構図で撮れる

自分撮りができる

中核

実体

付随機能

6章

製品戦略 ― 製品特性分析

コンセプト

When いつ使うのか？	日常のふとしたイベントや、旅行の時など
Who 誰が使うのか？	カメラ好き・自分大好き・オシャレ女子
Where どこで使うのか？	自分のお気に入りの場所・シーンで
What 何のために使うのか？	友達と一緒(または自分自身)のきれいな写真を残す
How どう使うのか？	スマホ並みの扱いやすさで自撮りする
Benefit 便益は何か？	スマホよりきれいな画質・定評のある交換レンズの使いやすさ
Why なぜ、その便益が実現できるのか？	大型のタッチパネル&下開きモニター・自撮りモードを搭載

能」は好評である。なぜ、「自分撮り」が使われないかは、「コンセプト」の「Benefit」の欄を見るとわかるのではないだろうか。「スマホ並みの扱いやすさ」なので、「それならスマホで十分」という判断もできる。このように、「コンセプト」で「買い手の言葉」に変換してみると、想定していた価値が、ターゲットに本当に刺さるのか？　ということもチェックできるのである。

Case

「メレル」の
トレッキングシューズ

◉ トレッキングシューズの価値構造

　102ページの「黒烏龍茶」の例で、「ターゲットによる価値構造の違い」を解説した。別の事例でもう1つ解説しておこう。

　トレッキングシューズ（登山靴）という物の価値を考えてみよう。「登山者」が山に行く時に使う靴である。

　「中核」としては、長距離を歩くので、「歩きやすさ」が何より重要だ。また、山という不整地を歩くので「足が保護できる」こともももちろん含まれる。では、それを実現するために欠かせない「実体」の要素はといえば、足を保護して長距離を歩くので「丈夫に作られていること」と、不整地でぬかるんでいるところなどもあり得るし、天候が悪くなることもあるので、「滑りにくいこと」「防水機能が施されていること」などは欠かせないだろう。さらに、あると価値が高まる「付随機能」としては、やはり「デザイン性」はそれなりにあったほうがいいかもしれない。

◉ 「山ガール」における価値構造の変化

　これが、ターゲットを変えてみるとどうだろうか。一般的な登山者ではなく、「山ガール」に限定して考えてみよう。「山ガール」は従来の登山用品とは異なるファッショナブルなアウトドア用衣料を身に着けて山に登る女性のことを指す。2009年頃からテレビ、雑誌、インターネットなどでよく取り上げられるようになり、2010年には「新語・流行語大賞」の候補になり、今日ではすっかり山にも定着している。

　山ガールの入門者は高尾山などの低山ハイキングからスタートするが、上級者は日本アルプスなど、かなり本格的な山にもチャレンジしている

多彩なカラーバリエーションでヒットした「メレル」

　ため、「中核」には、一般の登山者と変わらず、「歩きやすさ」「足が保護できる」が求められる。「実体」としては、同じく「丈夫に作られていること」「滑りにくいこと」「防水機能が施されていること」も欠かせない。

　しかし、山ガールの場合、中核として実現したい状態は一般の登山者と比較して、何か特徴はないだろうか。彼女たちは、「ファッショナブルなアウトドア用衣料を身に着けて山に登る」のが特徴だ。つまり、「ファッショナブルなアウトドア用衣料」が「ウォンツ」である。ではニーズから考えれば、中核として「山でもオシャレでいられる」ということが挙げられる。とすると、それを実現する要素は「デザイン性」であり、一般の登山者にとって「あると価値が高まる」という「おまけ」的な要素である「付随機能」だったものが、「欠かせない価値」である「実体」に格上げされていることがわかる。つまり、ターゲットを「山ガール」にした場合、「デザイン性」は付随機能ではなく実体、つまり「欠かせない要素」であると認識しなければ絶対に売れないのである。「デザイ

ン性」が実体に格上げされたので、付随機能が空いた。そこに何か別の
要素を入れれば、「価値を高める」ことができる。

◉「メレル」のトレッキングシューズの成功

　それで成功したのが、「メレル」というブランドのトレッキングシュー
ズだ。同ブランドはアメリカ製であるが、現地ではほんの数色しかカラー
展開をしていない。しかし、日本では商社が輸入しているが、10色近
い色を工場に別注をかけて生産させ、日本に輸入したのだ。つまり、「カ
ラーバリエーション」という付随機能に目をつけたのである。その目の
つけ所は大当たりし、メレルのトレッキングシューズは大ヒットとなっ
た。ターゲットによる価値構造の違いを認識することの重要さを示す証
左である。

図 37

登山靴のユーザーと製品特性

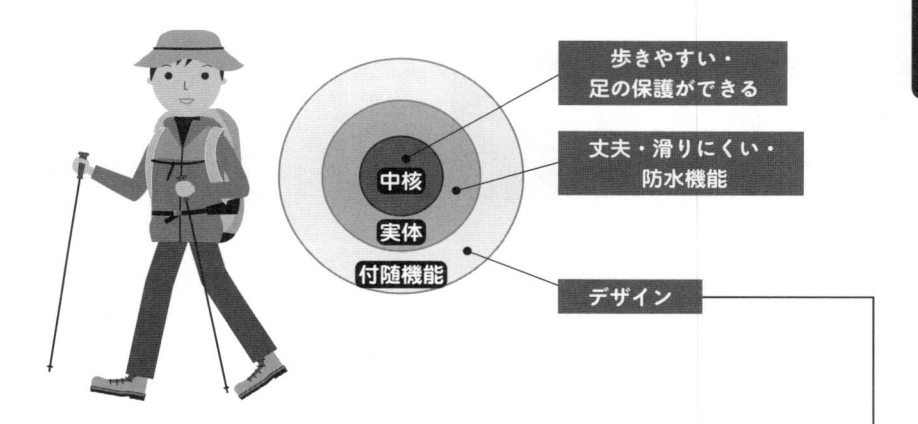

いわゆる一般的な "登山者"

- 中核
- 実体
- 付随機能

歩きやすい・足の保護ができる

丈夫・滑りにくい・防水機能

デザイン

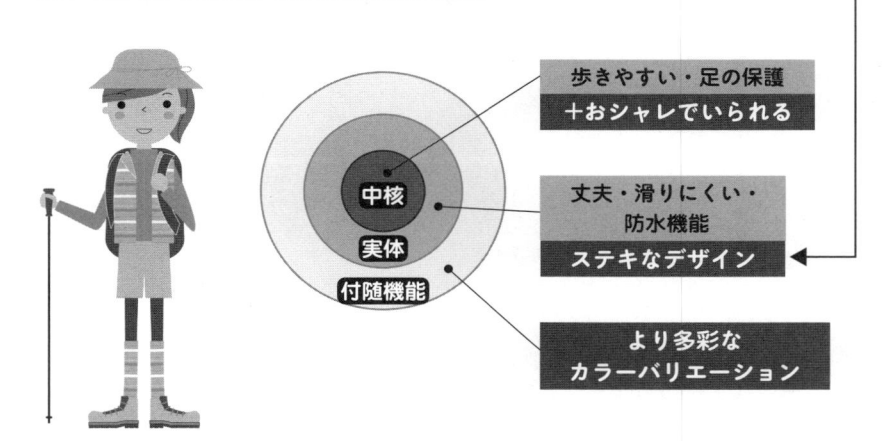

新たに登場・定着した "山ガール"

- 中核
- 実体
- 付随機能

歩きやすい・足の保護
＋おシャレでいられる

丈夫・滑りにくい・防水機能
ステキなデザイン

より多彩なカラーバリエーション

7章
価格戦略

メインフレームワーク
▶ 価格決定の 3C の視点 (P.115)

サブフレームワーク
▶ 利益を上げる 5 つのポイント (P.119)
▶ バリューライン (P.121)

ポイント

価格決定は 3C（自社・顧客・競合）の
視点で見て決定する。

✛「Price」の重要性

　価格戦略はある意味、4P の中でも最も重要な要素だと言える。Product（製品戦略）で製品を開発する。Place（流通戦略）で販路を構築する。Promotion（コミュニケーション戦略）で広告・販促の企画をする。それら 3 つの P は、すべて「コスト」だ。それらのコストをすべてペイする価格戦略を策定することが求められるのである。その重要性を示すものとして、稲盛和夫の「値決めは経営」という言葉があり、「経営の死命を制するのは値決めである」と述べられている。

価格を多面的に考える

　前述の通り、価格戦略はマーケティングの中で最も重要な要素とも言える。正直なところ、1つのフレームワークで説明するのは困難だ。ゆえに、本章では「原理原則」となる考え方を1つ提示し、それを補う形でいくつかの価格戦略の考え方と、事例を紹介していく。

●原理原則

　価格戦略の「原理原則」とは、「3Cの視点で考えること」だ（右図）。3C分析はCustomer → Competitor → Companyの順で考えるのが肝要だが、ここでは便宜的に順番を崩して見ていきたい。

　まずは、Company（自社）の視点であるが、「原価志向の価格設定」と言われる価格設定の考え方だ。製品を作るためには、「固定費」＋「変動費」がかかる。これが「原価」だ。その原価に、いくらマージン（利益）を乗せるかと考える方法である。主に、価格の下限はこの視点で原価を下回る＝赤字になることを避ける点で決まる。ただし、原価に一律、マージンを乗せればいいのではない。ターゲット顧客との整合性が重要だ。

　スポーツ用品を例に取れば、初心者用のエントリーモデルは、対象者が数多くいる反面、はじめるためのハードルを下げなければならないので、マージンは薄めにして、広く多くの顧客から取っていくことになる。一方、上級者用のハイエンドモデルは、性能重視の顧客なら高い価格でも買ってくれる反面、その層の人数は少ないため、少数の顧客から厚めにマージンを取っていくというような調整が必要になる。

　次に、価格の上限はどこで決まるのかと言えば、それがCustomer

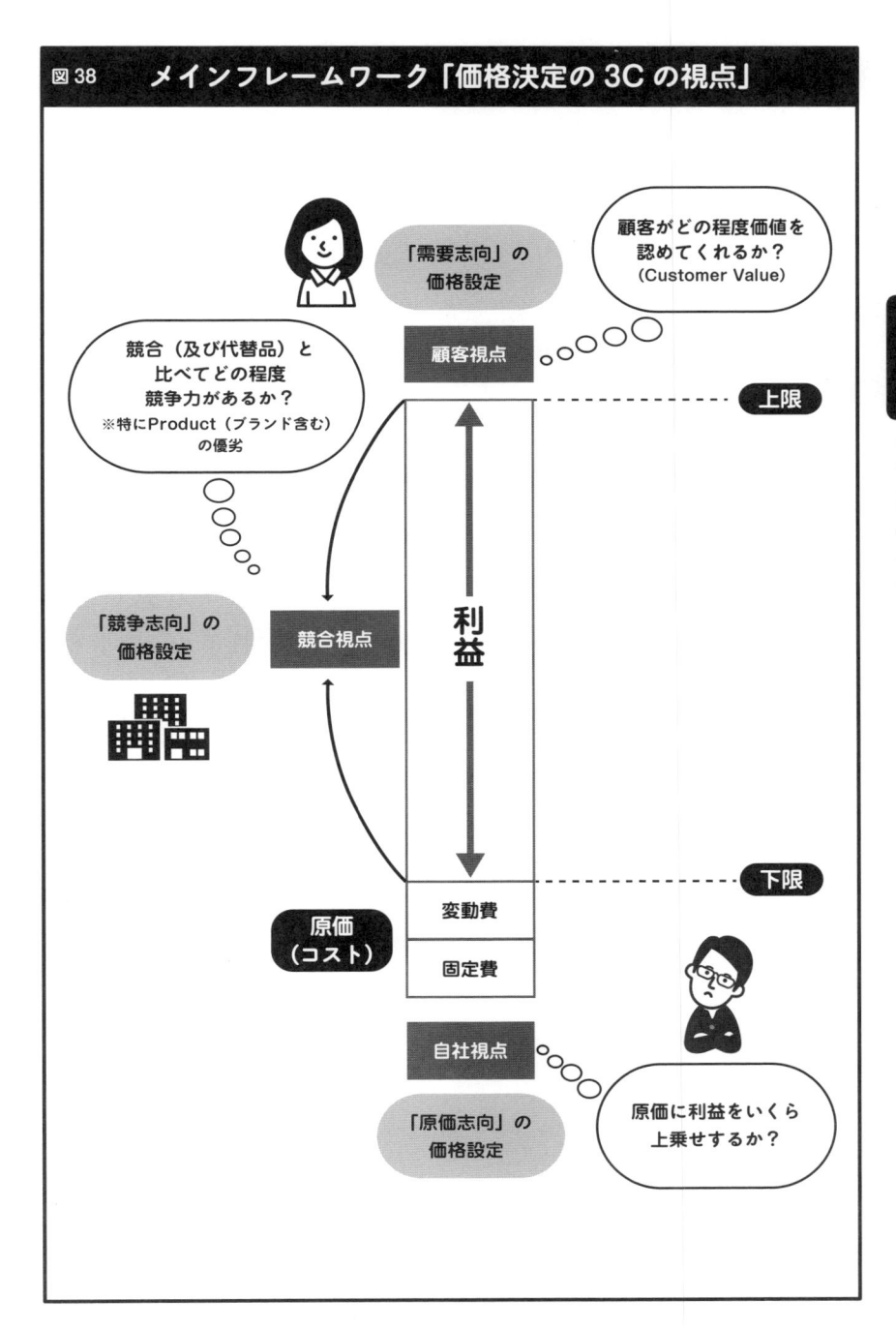

図38　メインフレームワーク「価格決定の3Cの視点」

顧客がどの程度価値を
認めてくれるか？
（Customer Value）

「需要志向」の
価格設定

顧客視点

上限

競合（及び代替品）と
比べてどの程度
競争力があるか？
※特にProduct（ブランド含む）
の優劣

「競争志向」の
価格設定

競合視点

利益

原価
（コスト）

下限

変動費

固定費

自社視点

「原価志向」の
価格設定

原価に利益をいくら
上乗せするか？

（顧客）の視点である。「顧客はいくらまで、自社の製品・サービスに対価を払ってくれるのか？」＝「Customer value」とも呼ばれるが、それを読み解くことが求められる。「いくらまで払ってくれるか」は、顧客の需要の高さによるところが大きいので、「需要志向の価格設定」と言われる。ここで重要なのが、ターゲット（顧客）との整合性だ。Customer value はターゲットによって異なる。ターゲットに広く価値を訴求して、そこそこの価格で売るより、需要の高いターゲットに絞り込んで高く売るほうが、売上・利益が大きくなる場合もあるからだ。

　最後が Competitor（競合）の視点である。自社の競合がいくらの価格で展開しているのかを把握し、それに対して自社はいくらの価格を設定すればよいかを考える。「競争志向の価格設定」と言う。価格設定の基準は、主に Product（製品・サービス）との整合性で考えることになる。自社は競合に対して、製品のスペックやブランドの価値・知名度などでどの程度優位にあるのか、劣後するのかで、優位にあるなら、競合の価格から顧客が払ってくれそうな価格の上限までの間で価格を設定すればよい。劣後しているなら、競合に対し価格でも勝負しなければならないので、競合の価格から自社の原価までの間で設定することになる。

● 価格決定の 3C の視点の要点
　大事なのは、「3C の視点」の 3 つをきちんと見ることだ。
「製品志向（プロダクトアウト）」の場合、自社の原価からだけで価格を設定しがちだ。もしくは、競合が激しい場合、競合の価格を非常に気にして、「競争志向の価格設定」だけで考えがちだ。
　いずれの場合も、「顧客の視点」、「Customer value」を忘れないようにしたい。なぜなら、この「Customer value」だけは決まった価格があるわけではなく、自社の努力によって高めることもできるからだ。
　前述の通り、ターゲティングを精緻に行なうことによって、より高い価格で買ってくれる顧客層を見つけ出すこともできるだろう。また、ポジショニングと Promotion（コミュニケーション戦略）との整合性で

考えるなら、自社の製品・サービスの価値を正しく設定し、その価値を
適切に伝えれば、より高い価格を顧客が受容することになる。

価格設定の根拠を持つ

　ここでは、フレームワークの使い方というより、前項の「原理原則」を押さえた上で、いくつかの「価格設定をするに当たって役立つ考え方」を紹介していく。

◉ 自社視点：分解して考える

　3Cの視点での価格設定のうち、Company（自社）の視点においては、「どうやって売上の数字を作っていくか？」という観点で考えるとわかりやすい。

　利益＝売上－コストである。コストは「固定費」と「変動費」に分解できる。固定費と変動費に分解することによって、「売上とコストがイコールになる（損益が±0になる）」という「損益分岐点」が求められる。計算式は、損益分岐点＝固定費÷{1－（変動費÷売上高）}である（図39）。

　前述の「売上の作り方」は、売上＝客数×客単価という分解が基本となる。さらに細かく分解してみるなら、飲食店や理美容室などの客席数や、ホテルなどの客室数、航空機などの座席数が決まっている、いわゆる「ハコ物ビジネス」の場合、売上＝席数（室数）×客単価×稼働率と、「稼働率」が重要な要素になってくる。他に、顧客単位に注目するなら、客数×客単価×リピート率という考え方もできるし、売り場の棚の商品単位に注目するなら、売上＝客数×客単価×回転率という考え方もある。

　要するに、分解して、どの数字を上げるために何ができるのかを考え、その難易度に合わせて、「客単価」であるところの「価格」のあり方が変わってくるのである。

図39　　　　　　　　　**損益分岐点**

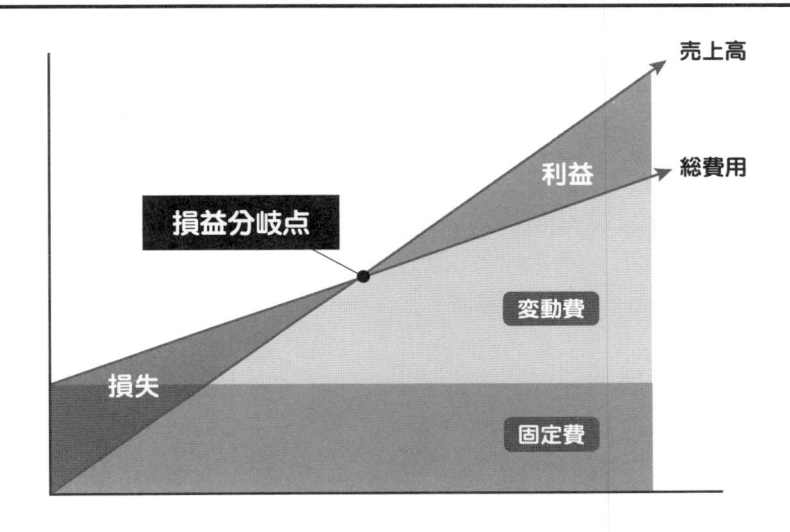

$$損益分岐点＝固定費÷\{\,1-（変動費÷売上高）\,\}$$

図40　　　　　　**「収益を上げる５つのポイント」**

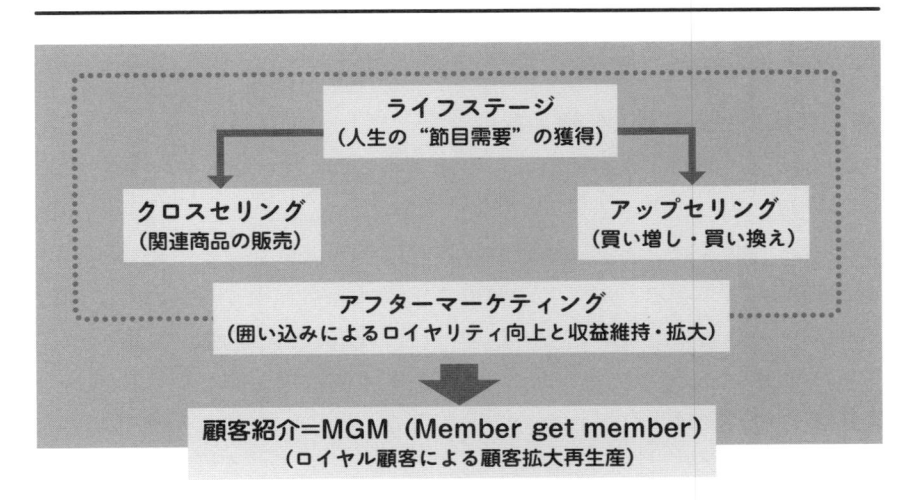

● 利益を上げられるポイントを見極める

　顧客単位で考えた時、「その顧客から利益を上げられる機会がどこにあって、どれぐらいの頻度で発生しそうなのか？」を押さえておくことが重要だ。顧客から利益を得るポイントは狭義では４つ、広義では５つあると考えられる（図40）。

　１つが「節目需要」。生活の変化によって需要が発生する。そこを捉えて最初の取引を獲得する。変化としては就職、結婚、出産などの大きなライフステージの変化もあるが、「仕事が一段落した」などのちょっとした節目も含まれる。２つめが「クロスセリング」。関連商品の販売だ。保有している商品と関連した商品をお勧めして販売機会を狙う。たとえば、PCの購入客に周辺機器を勧める例が考えられる。３つめが「アップセリング」。同種の製品の買い換え、買い増しのこと。購入商品が一定期間経過した後、お勧めをする。PCであれば、３年くらいか、OSが新バージョンになった時などが狙い目だ。４つめが「アフターマーケティング」。顧客を囲い込むことによって継続的な収益を得ることを狙うもので、プリンタ購入客にインクカートリッジを継続購入してもらう例が典型だ。５つめが広義での利益になる「顧客紹介」だ。自社との関係性を構築し、満足度が高まっている顧客から新たな顧客を紹介してもらうというものだ。新規顧客獲得コストが極めて低廉に抑えられるので、それを収益に見なすわけである。

● 「バリューライン」を超える

　競合視点の価格設定の場合、いかに競合に対して顧客から「価格と価値の関係」が「お得」に見えるかが重要だ。価格と価値の関係を２軸で取ると（図41）、通常は価格が安ければ価値は低くなり、価格が高ければ価値も高くなる。そして、業界の相場は価格が中ぐらいなら、価値も中ぐらいの所に形成される。この、価格と価値が正比例した関係を「バリューライン」という。バリューラインを下回れば、顧客からは割高に見えるため、受け入れられないことになる。逆に、バリューラインを上回ることができれば、価値が高いと考えられて選ばれる可能性が高い。

図41　　　　　　「バリューライン」の考え方

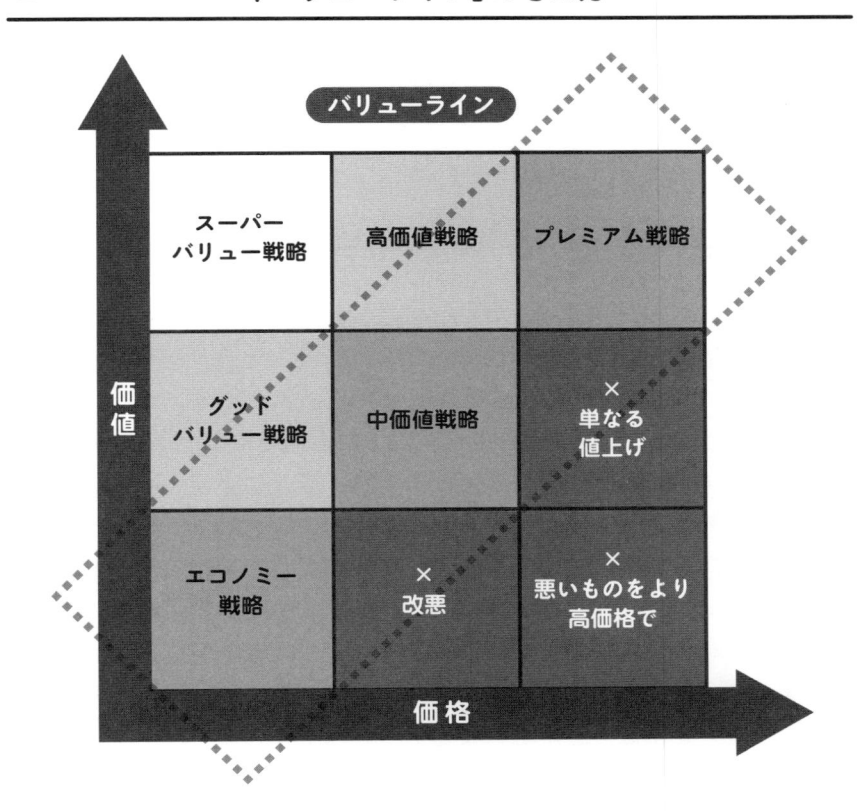

● 製品特性上の価値を積み上げる

　顧客視点の価格設定では、「顧客がどの程度価値を感じてくれるのか?」を明らかにすることが重要なので、Product（製品）との整合性を図るために、前章の「製品特性分析」のフレームワークを用いる。3層で考えて、どの要素でどれぐらいの価値の対価を顧客が払ってくれるかを考えて、それらを足し上げるのである。

自社視点で収益を「分解」する例
大手航空会社とLCC

　ここでは、前項のフレームワークの使い方で提示した考え方を、複数の事例を組み合わせて解説しよう。

　売上＝客数×客単価×X（何か？）のXを何で考えるかの例を挙げていく。先述の「ハコ物ビジネス」の典型である航空会社のうち、日本航空や全日空などの大手航空会社の場合と、格安航空会社（Low-cost carrier ＝ LCC）を比較する。大手航空会社は、広い座席、至れり尽くせりのサービス、しかし航空券は高い。LCCは座席が狭く、サービスはない。首都圏では茨城空港など地方空港発着の場合もある。前者は広い座席の分、単位面積当たりの客数は少ない。その分、チケットが高い。客数（小）×客単価（高）だ。加えて、至れり尽くせりのサービスで高い満足度を実現して、高リピート率を実現しようとしている。つまり、全体としては売上＝客数（小）×客単価（高）×リピート率（高）という数式で成り立っている。一方のLCCは、狭い座席で単位面積当たりの客数は多い。しかし、客単価は低い。離発着の際に混雑のない地方空港を利用することで、待ち時間がなく1日に飛べる回数が多い、すなわち回転率が高い。売上＝客数（多）×客単価（低）×回転率（高）という数式で成り立っているのである。

　10分間1,000円カットで有名な理容室「QBハウス」は稼働率重視型だ。1,000円という割安な価格と便利な立地で、客席に空きが出ないようにしている。客数（多・1時間6人）×客単価（低・1,000円）×稼働率（高・目標100％）ということだ。これなら、1時間4〜5,000円で1人の客を相手にする一般の理容室より売上は高くなる。

図 42　大手航空会社と LCC の収益の上げ方の違い

大手航空会社

調達	販売	運行	サービス
各種機体を調達・使用（比較的大型機を使用）	主に旅行代理店が販売。予約後柔軟な時間変更にも対応	都市近郊大空港使用。乗客の搭乗遅延もある程度許容する	クラスに応じたサービス。（基本は至れり尽くせりで無料）
行き先に合わせつつ、1人当たりの面積を広く取り快適性を確保	手間なく便利な入手・都合に合わせられる利便性を実現	空港へのアクセス重視・タイトな時間で利用する顧客にも対応	快適性と満足感向上を実現

考え方＝客数(少)×客単価(高)×高リピート率　メイン顧客＝ビジネス客
KSF＝「顧客満足・リピート重視」で整合性を図っている（満足度＝リピートに必須）

LCC

調達	販売	運行	サービス
機体を中型・1機種に限定して集中購買	予約はセルフWebのみ。予約変更一切不可	地方空港の利用を優先。飛行機は顧客を一瞬も待たずに離陸	機内サービスは廃止か有料提供。CAが機内清掃してから降機
調達・パイロット教育・整備コスト等を削減・1人当たり面積は圧縮	中間マージン削減・予約変更による空席防止で収益確保	離着率の滑走路混雑回避と遅刻厳禁でオンタイムと駐機時間短縮	サービスコスト削減・清掃作業員人件費（外注費）削減と人の入れ替わり時間短縮

考え方＝客数(多)×客単価(低)×回転率(高)　メイン顧客＝低予算旅行者←リピート低い
KSF＝「低コスト・高効率」で整合性を図っている（低リピート＝高回転）

顧客視点の価値と価格を提供する例
法人向け「Let's note」

　5章の「ポジショニング」でパナソニックのノートパソコン、Let's note を取り上げた。ここでは「法人向けモデル」を例に考えてみよう。先の「直販モデル」と同じくスペックのカスタマイズができるが、さらに法人向けはアフターサービスが手厚い。以下、その価値を製品特性分析の3層で考えつつ、顧客がその対価としていくらくらい払おうと考えられるかを想定してみる。

　中核は、「各種の処理ができる」というパソコンとして最も基本となる点だ。メーカーによって価格はさまざまだが、法人向けは相場が7万円くらいからではないだろうか。

　実体としては、「処理速度が速い」ということが挙げられるだろう。速いモデルなら、さらに3万円程度の価値は認めてもらえそうだ。加えて、Let's note のユニークさである堅牢性は、めったに落としたりはしないものの、安心料と万が一の時の保険として2万円程度は価値がありそうだ。Let's note は稼動時間の長さも特徴だが、出先でコンセントを探し回らなくていいとすれば、軽く2万円程度の価値はあるだろう。

　付随機能としては、パナソニックはコールセンターの高いサポート能力や、一定期間ごとにメンテナンスをしてくれるアフターサービスの提供があり、2万円程度の価値はあるだろう。また、万が一の時、法人モデルは修理に出さなくとも、出張先修理対応をしてくれる。手元から離さず、再び使えるようになる価値は高いので、2万円程度は認められるだろう。一方、新規に必要になった時には、新しい機種を即日納品してくれる。待たなくていいという価値として2万円ぐらいが妥当ではないか。

図43　　　ノートパソコンの製品特性と顧客価値

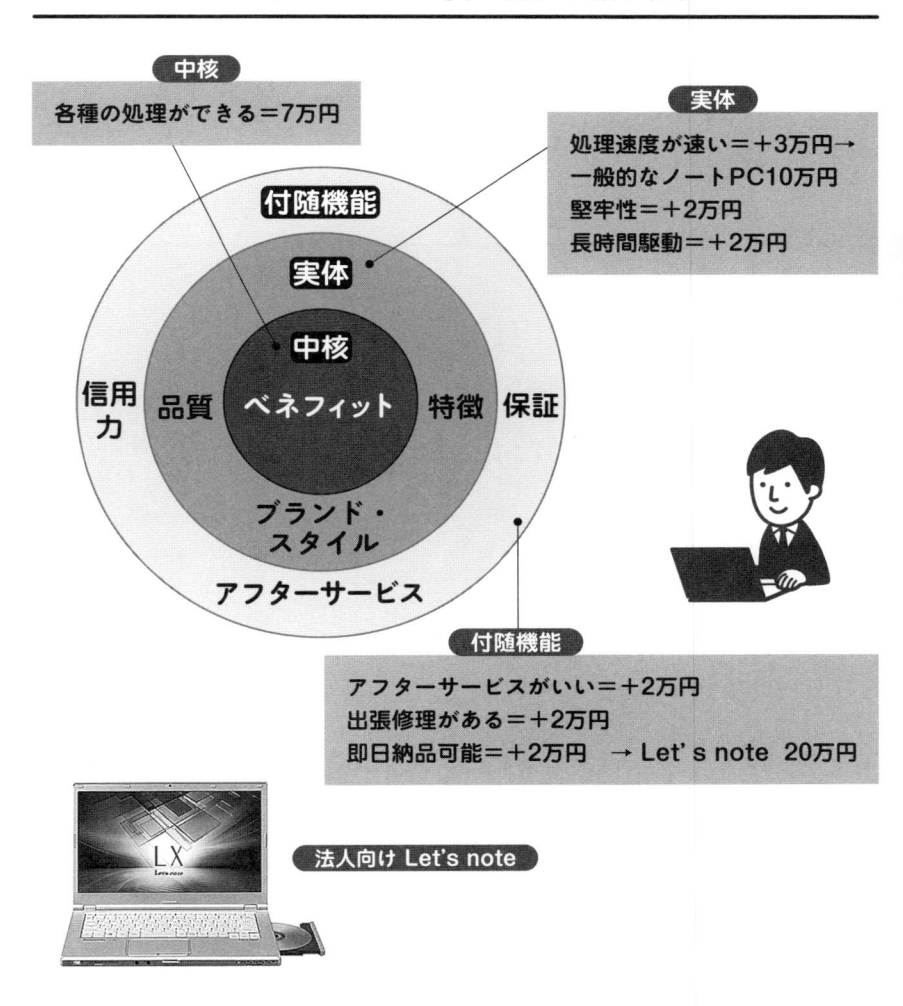

中核
各種の処理ができる＝7万円

実体
処理速度が速い＝＋3万円→
一般的なノートPC10万円
堅牢性＝＋2万円
長時間駆動＝＋2万円

付随機能
アフターサービスがいい＝＋2万円
出張修理がある＝＋2万円
即日納品可能＝＋2万円　→ Let's note　20万円

法人向け Let's note

　以上を合計すると、一般の法人向け PC が「処理ができる」という中核だけ、もしくは実体の「処理速度が速い」という価値のみを実現しているとして、7 〜 10 万円で導入されている理由だ。それに対し、Let's note は機種によるが 20 万円でも導入されているのが、価値を積み上げていくとわかるだろう。

「バリューライン」を超える戦略の例

ユニクロ・GU、セリア

　価格と価値の２軸において、「価格に対して価値が高い」という「バリューライン越え」を実現している例としては、ファーストリテイリングがわかりやすい。ユニクロはカジュアルウェア業界において、一般の量販店の衣類よりも品質を高めて「高価値」のポジションを獲得している。同グループのGU（ジーユー）は、ユニクロよりもさらに平均価格帯を下げて「グッドバリュー」のポジションを獲得し、両ブランドは棲み分けをしていることがわかる。

　100円ショップ業界では、2008年以来、キャンドゥを抜いて１位のダイソーに次ぐポジションを獲得し、大きく成長したセリアも、バリューライン越えがその成長の原動力だ。100円ショップという業界が成熟期を迎え、「これも100円！」という驚きで消費者が大量買いをしてしまう時期は過ぎていた。おりしも、リーマンショックでさらに財布のひもが固く閉ざされた中、セリアはブランディングに取り組み、「オシャレ100円雑貨」を強化した。顧客は「こんなにオシャレなのに100円！」という新鮮な驚きを好感し支持した。つまり、同じ100円でも価値を高めて、「高価値」のポジションを獲得したのである。
　100均業界とよく似た業態もスタートしている。「300円ショップ業界」である。業界の草分けである3coins（スリーコインズ）が競合とみるのは、一般の雑貨店だ。めざしているのは、「300円で1000円の価値」であるという。つまり、「グッドバリュー」のポジション獲得が狙いだ。

図44 「バリューライン」を超えて棲み分けするユニクロと GU

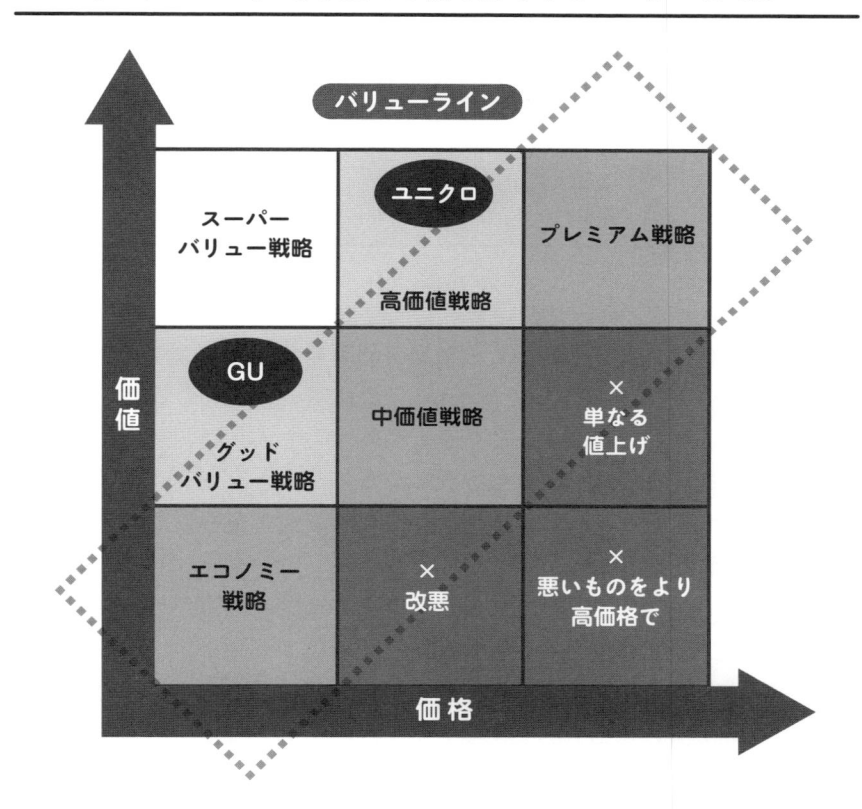

セリア

利益を上げる5つのポイントの例
サブスクリプションモデル

　価格戦略の中で、今、注目されている手法が「サブスクリプションモデル」である。定額でサービスや商品が利用できるサブスクリプション（サブスク）モデルを日本語に訳せば、「継続購入型」となるが、モデル自体は新しいものではない。古くからあるもので言えば、新聞の月額定期購読や鉄道・バスの定期券もそれにあたる。

　では、何が新しいかと言えば、従来になく多様な業種に広がりを見せているという点である。

　早くからサブスクが広がったのが、音楽や映像の分野だろう。月額料金を払えば音楽が聞き放題、映像が見放題というサービスである。その他の例を見ると、大阪・兵庫の和食ダイニング「ごちそう村」が「ビール定期券」（税別3,000円）を発行。＜定期券を購入した店舗のディナータイムに限り1ヶ月間、生ビール中ジョッキが2時間飲み放題になる。利用は本人のみ、利用時は1品以上の料理を注文するなどの条件がある（日経MJ2018年12月24日号）＞。＜中四国などで眼鏡店を展開するメガネの田中チェーンは定額制でメガネを掛け替えられるサービスを2019年4月1日から全店で始める。利用料金は月2,100円（税抜き）で、数百種類あるメガネやサングラスから好きな1本を選ぶ。（中略）契約する3年の中でフレームを3本まで、レンズを3組までいつでも選べる（同）＞。＜東京・西新宿にある「coffee mafia（コーヒーマフィア）」は、月額3,000円（税込み）の会員になると、お客は店に足を運ぶたび、通常300円（Lサイズ）のコーヒーは1杯飲める（日経トップリーダー2018年12月号）＞。

　「YCleam（ワイクリン）」（社名はNextR）は月額1万2,800円（ス

定額制ワイシャツ宅配サービスの「ワイクリン」ホームページ

ワイクリンは、共働き世帯、乳幼児を抱える世帯、単身世帯の皆様に、1カ月分のワイシャツのレンタル＆クリーニングをセットで行う日本初のワイシャツ宅配クリーニングサービスです。

YClean（ワイクリン）　ご利用者ロングインタビュー　　ご利用の流れ　　ワイシャツラインナップ　　Q&A

✓ ワイクリンを試してみる　🔒 マイページにログイン　▶ 会員登録（無料）

ワイシャツケアは、
もうわたしの仕事じゃないんだ！
面倒な家事がひとつ減りました。

1ヶ月分のワイシャツ　レンタル＆クリーニングサービス
[ワイクリン]

Previous
Next
● ● ● ●

▶ メルマガ会員（無料）募集中 ⇒

https://yclean.co.jp/

タンダードプラン・税別）で利用できるワイシャツの宅配サービスを展開している。しくみは＜会員になった利用者の自宅に、毎月20枚のワイシャツが届く。1枚ずつ個別の識別番号が付けてある。自分専用のワイシャツで、他人が着たものが届くことはない。毎日綺麗なワイシャツを着て、着用後はそのまま専用の回収袋に入れて保管。20枚すべて着終わったら、回収袋をコンビニエンスストアなどから返送する。ワイクリンからは、間を空けずにクリーニング後の新しいワイシャツが20枚、段ボール箱で回収袋と一緒に届く。ワイクリンでは、返送されたワイシャツをクリーニングした後、検品し、落ちていない汚れやすり切れなどがあれば、新品に取り替える（同）＞という。

　これらのサブスクの事例を前述の5つのポイントに当てはめてみるとわかりやすい。ごちそう村のビール定期券と、コーヒーマフィアの会員制は、ビールやコーヒーだけで収益を得ているわけではない。ごちそう村は、「1品以上の料理を注文する」ことが利用条件になっている。コーヒーマフィアは平均来店回数が月22回と＜「想定より来店頻度が高く、

価格戦略—価格決定の3Cの視点

コーヒーマフィア

原価割れしてしまった」（日経トップリーダー 2018 年 12 月号）＞と
運営会社の経営者が語っている。その赤字を埋め収益を上げているのが、
＜コーヒーのほかに、サンドイッチをついで買いしてもらう戦略（同）
＞だという。つまり、どちらも「クロスセリング」で収益を上げている
のだ。

　メガネの田中チェーンの月額2,100 円で 3 年間 3 回メガネを掛け替
えられるサブスクは「アップセリング」である。放っておけばメガネは
かけっぱなしにしてしまう人がほとんどだろう。そこに「3 年で 3 回」
という枠組みを設けることで、買い換えの機会を作っている。メガネ 1
組あたり 2 万5,200 円になるので、悪い商売ではない。ワイクリンの
ワイシャツの宅配サービスは、古くなったワイシャツの買い換えという
「アップセリング」と、日常のワイシャツのクリーニングという「アフター
マーケティング」の合わせ技で収益を上げるモデルを作っていることが
わかる。

8章
流通戦略

メインフレームワーク
▶ チャネルの "長さ" (P.135)

ポイント

販路は製品の価値と売りやすさ・価値の伝えやすさなどから考えてその長さを決定する。

⊕「Place」における留意点

　マーケティングミックス＝4P の要素は、一般に Product・Price・Place・Promotion の順で並べられるが、これは何の順番かわかるだろうか。それは、実施の際の「業務プロセス」の順だ。製品の仕様を決める→価格を決める→流通チャネルを決めてそこに商品を配荷する→広告・販促等のコミュニケーションを展開する……という具合だ。では、Promotion・Price・Product・Place と並べたら、これは何の順かわかるだろうか。

　答えは、「変更しやすい順番」である。広告の表現や販促施策の展開はすぐに変えられる。売上・利益の確保に留意しなければならないが、価格も変えようはある。すでに作ってしまっている在庫分はどうしようもないが、次回生産ロットから製品の仕様も変更はできる。しかし、現在製品を扱ってくれている流通チャネルを変更するのは容易なことではない。なぜか。4P の中で Place（流通チャネル）だけが、「利害関係のある社外」の存在だからである。4P の中で一番「厄介な P」であると言えるのだ。ゆえに、その設定には十分な考慮が必要となる。

どれだけチャネルを
介在させるかがキモ

● チャネルの「長さ」

　チャネル（販路）の基本的な役割は、メーカーと消費者の間に入り、「物の流れ＝物流」「お金の流れ＝商流」「情報の流れ＝情報流」の３つをコントロールすることにある。

　その形態において大きな要素となるのは、メーカーから消費者までの間にプレイヤーが何段階入るかという、「チャネルの長さ」がある（右図）。メーカーの自社サイトによるネット販売や、直販店による販売の場合、間に１社も入っていないので「０段階チャネル」と言う。メーカーとの間に量販店など１社が入って消費者に商品が届けられる場合は「１段階チャネル」。その手前に卸業者が入る場合は、卸→小売りとなるので、「２段階チャネル」と言う。さらに、卸が大卸→２次卸→小売りと分かれる場合は、「３段階チャネル」ということになる。

● チャネルの「長さ」におけるメリット・デメリット

　チャネルが多段階化すると、メリットとデメリットが生じる。メリットは「市場のカバレッジ（カバー率）」が上がること。つまり、各流通業者の手によって、全国津々浦々、さまざまな属性の消費者の手に取ってもらえる機会が増えることだ。デメリットは、流通チャネルの基本的な役割である、モノの流れ（物流）、お金の流れ（商流）、情報の流れ（情報流）に問題が出ることだ。

　具体的に言えば、物流では、チャネルが多段階化すると、各段階を経るため、消費者にモノが届くのが遅くなる。また、各段階に在庫が発生するので「市中在庫」が多くなってしまう。

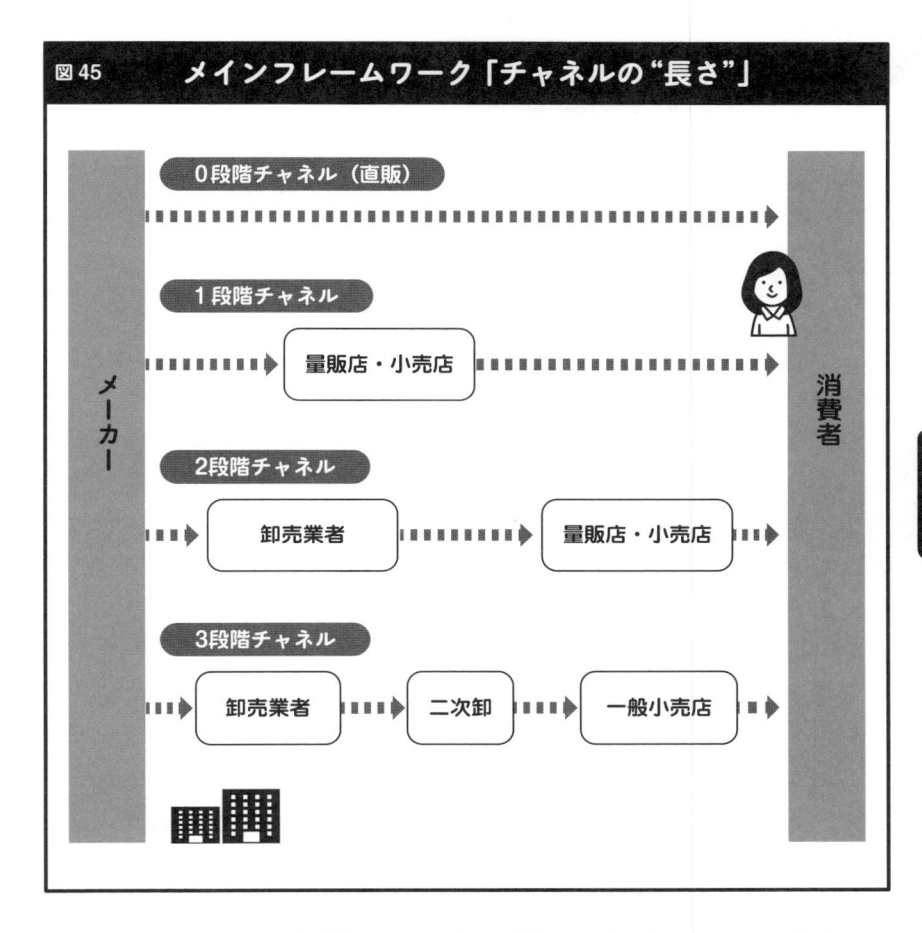

図45　メインフレームワーク「チャネルの"長さ"」

0段階チャネル（直販）

1段階チャネル

量販店・小売店

2段階チャネル

卸売業者　　　　量販店・小売店

3段階チャネル

卸売業者　　　二次卸　　　一般小売店

メーカー

消費者

　商流においては、各段階でマージン（販売手数料）を価格に載せるので、全体としてチャネルマージンが高くなり、価格が高くなってしまう。もしくは逆にチャネルがマージンを自ら削ってメーカーの希望小売価格とは乖離した廉売（安売り）をしてしまい、ブランド価値が棄損されることもある。また、代金の回収も各段階を経るので遅くなる。

　情報流に関しては、メーカーが考えるような売り方、セールストークが末端のチャネルまで浸透しないことがある点と、逆に売りの現場からメーカーまでの段階が多いと、消費者の声が吸い上げられにくくなる。以上のようなメリット、デメリットが存在するのである。

ユーグレナと
ユナイテッドアローズの
チャネル戦略転換

◉ 株式会社ユーグレナのビジネス

　株式会社ユーグレナというと健康食品メーカーのイメージが強いかもしれないが、実際は 2005 年に発足したバイオベンチャーであり、ミドリムシを用いた食品や化粧品の企画開発、販売を展開しながら、バイオジェット燃料、バイオディーゼル燃料の研究開発までを行なっている企業である。

　とは言え、主力製品はミドリムシが豊富な栄養素を持つことを生かした健康食品であることは間違いない。そのなかでも現在の主力製品は「緑汁」であり、<2012 年に発売し、累計 234 万個を売り上げた（日経 MJ2019 年 2 月 1 日号）>といい、<青汁、クロレラなど緑色で複数の栄養素からなる健康食品の市場のなかで、ユーグレナの緑汁は現在、アサヒ緑健（岡山市）に次ぐシェア 2 位とみられる（同）>とのことだ。

◉ ユーグレナの流通戦略

「緑汁」の従来の販路は、自社の EC サイトからスタートして、EC 各社のサイトに展開してきた。それが今冬から、ツルハドラッグやウエルシア薬局などのドラッグストアに拡大し、<（2019 年）2 月ごろまでに全国 8,000 店で展開する（同）>という。ユーグレナは従来<ネット販売に軸足を置いてきた。安売りされやすい小売店ではなく、健康志向の強い 60 代女性にターゲットを絞って通販事業に集中投資を続けることでブランドを育ててきた（同）>という背景からすると、大きな方針転換であることは間違いない。

　さて、「緑汁」の場合は、商流において廉売を避け、ブランド価値を

ユーグレナ「緑汁」

直販用

流通用

高めるために自社 EC サイトによる「直販」という 0 段階チャネルからスタートして、EC 各社のサイトに展開した 1 段階チャネルまでと、チャネルの長さを短く抑えてきたわけだ。

● 環境の変化に対応したチャネル戦略の転換

しかし、状況が変わった。＜近年、物流コストが上昇し、通販事業の営業利益を圧迫する要因になってきた（同）＞という悪い側面がある。反対によい側面としては、前述の通り業界シェア 2 位にもなり＜緑汁のブランド認知度がある程度高まったと判断（同）＞できるようになったことが挙げられる。

つまり、初期段階においては、「情報流」を重視して、自社サイトを中心としたコントロールのしやすい「短いチャネル＝ 0 段階、1 段階」で丁寧なコミュニケーションをしてブランド作りをする必要があったのが、ある程度「店頭に並べて売れる」環境になってきたため、卸→ドラッグストア・小売店という、「長いチャネル＝ 2 段階」に変更し、「物流」

重視で市場を「面で押さえる＝カバレッジ重視」の戦略に変更したのである。各店の店頭に置いて幅広いターゲットの目に触れるようにし、＜主力の 60 代女性だけでなく、シニアの男性や 30 ～ 50 代の男女、インバウンド（訪日外国人）などの購入を狙う（同）＞という展開にしたとのことである。

　一方、流通戦略の転換によって、チャネルを「短く」した事例が、アパレルセレクトショップの「ユナイテッドアローズ」の EC 事業である。

◉ ユナイテッドアローズの事業
　株式会社ユナイテッドアローズの事業はセレクトショップの運営である。自社デザイナーがデザイン・プロデュースした衣類や小物などを全国の直営店で販売する他、海外の衣類や装飾品、小物類の輸入・販売も手がけている。

◉ EC 事業自社体制への転換
　ユナイテッドアローズは 2019 年 2 月 5 日に自社インターネット通販（EC）サイトの運営を自社運営に切り替えると発表した。同社は EC 事業立ち上げの時期から＜衣料品通販サイト「ゾゾタウン」を運営する ZOZO（ゾゾ）の子会社と長年、サイト開発で連携してきたが、10 月から物流業務も含めて自社主導に切り替える（日本経済新聞 2019 年 2 月 8 日朝刊）＞という。

◉ チャネルを「短く」することによるメリット
　チャネルを短くする。つまり、ZOZOTOWN への委託＝ 1 段階チャネルから、自社サイトによる 0 段階シャネルに変更することによるメリットは、主に「情報の流れ＝情報流」と「物の流れ＝物流」にあると考えられる。上記日経新聞の記事では＜ネット通販でも自社でトレンドや需要の変化に適応できる体制を構築する＞としている。元々、自社直営のセレクトショップを運営している同社は、「情報流」のコント

ユナイテッドアローズ公式通販サイト

https://store.united-arrows.co.jp/

ロールに長けており、それを EC でも実現しようとするものだ。＜ユナイテッドアローズの 18 年 4 ～ 12 月期の単体EC 売上高は 185 億 8,900万円で全体の売り上げに占める EC の売上高（EC 化率）は 19%（日経xTECH　2019 年 2 月 6 日）＞とのことだが、その比率を高めるため、機動力を持った体制が不可欠と判断した結果であることは間違いない。

バンダイ「THE GUNDAM BASE TOKYO」

●「機動戦士ガンダム」と「ガンプラ」

「機動戦士ガンダム」は、1979 年放送の「機動戦士ガンダム」（通称ファーストガンダム）から、2019 年に 40 周年を迎えた。その後もさまざまな続編や派生作品を世に生み出し、世代を超えた人気を誇っている。その世界観を形にしたものが、「ガンプラ」と名づけられたプラモデルだ。ガンプラは、＜「機動戦士ガンダム」のシリーズに登場するモビルスーツ、モビルアーマーと呼ばれるロボットや戦艦などを立体化したプラモデルのことで、1980 年に誕生した「1/144 ガンダム」以来、約35 年間でおよそ 4 億 4,500 万個が販売されています（バンダイホビーサイト）＞とのことだ。Product としては、長い歴史の中で究極の生産工程を生み出している。＜品質へのこだわりと市場への即応性をより確実にするために、現在、ガンプラは"ホビーのまち静岡"にある「バンダイホビーセンター」で企画・開発から生産まで国内で一貫して行っています（同）＞という。

● プラモデルと「ガンプラ」の販路

プラモデルは、メーカー→卸→量販店・小売店という 2 段階チャネルで販売されているのが一般的な販路である。「ガンプラ」も実際、ビックカメラなどの量販店の店頭でかなりの売り場面積を割いて販売されている。しかし、バンダイはそれとは異なる、0 段階チャネルの販路も持っている。それが、「ガンダムベース」である。「ガンダムベース」は2004 年に日本に先駆け、韓国ソウルに 1 号店がオープンし、2017 年に東京・お台場に「ガンダムベース東京」がオープンして、2019 年現在、

４つの国・地域に14店舗が展開されている。また、「ガンダムベース東京」のオンラインショップ、「THE GUNDAM BASE ONLINE SHOP」も併設されている。

●「ガンダムベース東京」の店内空間

「ガンダムベース東京」はお台場にあるショッピングモール「ダイバーシティー東京プラザ」内にあり、約600坪の広さを持っている。休日は世代を超えたガンダムファン、ガンプラファンが集い、平日の昼間などはインバウンド（訪日観光客）が目立つ。公式Webサイトでは、＜全世界のガンプラファンに向けた公式ガンプラ総合施設。施設は、買って、作って、見て、学んで楽しめる４つのゾーンで構成されており、子どもから大人までガンプラを存分に楽しむことができます。＞としている。

その「４つのゾーン」とは、「ショップゾーン」「ビルダーズゾーン」「ファクトリーゾーン」「イベントゾーン」という構成になっている。

「ショップゾーン」では、<2,000 種類の商品と 1,500 種類の展示品が並ぶ、世界一のガンプラショップ。1980 年に発売した最初のガンプラから最新商品までが購入可能。ガンダムベース限定品も充実！（公式 Web サイト）>となっており、来店客は店内用の買い物かごに 1 ～ 2 個のガンプラを入れてコーナーの隅々まで物色している。インバウンド客は数個のまとめ買いもしている。特に「ガンダムベース限定品」はマニア垂涎の的であり、「sold out」の表示も目立つ。また、「ガンダムベース東京メンバーズカード」の発行もしており、ここでガンプラを購入すればポイントが貯まり、各種景品と交換できる特典がある。その特典が絶品で、マニアにとってはお金を出して買いたくなるような品々が設定されている。しかし、景品としてしか手に入らないため、また、ガンプラを買ってしまうという仕掛けだ。

「ビルダーズゾーン」は<購入したガンプラの組み立てや塗装ができる工作スペース。ガンプラマイスターが制作方法や工作のコツを教えてくれる。ガンプラビルダーズワールドカップ受賞者の作例も展示！（同）>となっている。購入した商品を確実に、より美しく仕上げさせ、ファン度を増すようにする仕組みである。さらに、高度な仕上げをしたいマニア向けの「ペインティングルーム」という施設も用意されている。今日のガンプラは、「多色成形」という特殊技術を使って、1 枚のパーツの基盤に数種類の色を同時に再現する成形方法で作られており、塗装なしで、組むだけでカラフルな仕上がりになる。しかし、オリジナルの塗装を施したい場合などは、ここのエアブラシという吹き付け塗装の道具を使って仕上げをすることができるのだ。このゾーンには、ガンプラビルダーズワールドカップ受賞者の作例が数多く展示されており、その華麗な作品に刺激されて「自分もやってみよう！」という気になるコアなファンも多くいるということだろう。

「ファクトリーゾーン」は、<ガンプラ工場 "静岡ホビーセンター" を再現。本物の金型や設計データのほか、ガンプラを生産するためのミニ射出成形機などを展示。ガンプラの製造過程を学べる！（同）>という。Product そのものだけでなく、その製造工程まで知ることで、より思い

入れを深くさせる仕掛けである。

「イベントゾーン」は、＜各種イベント開催／生配信ブースも併設‼（同）＞されており、イベント開催時には多くのファンで賑わう。

◉「THE GUNDAM BASE」の戦略

戦略の目的は、「コアなファンの育成と囲い込み」にある。既存流通の売り場では、ガンダム、およびガンプラの世界観は伝えられない。また、作るためのケアなども行なえない。つまり「情報の流れ＝情報流」をしっかり自社コントロールするために「0段階チャネル」である「ガンダムベース東京」を運営しているのである。

また、既存流通の量販店店頭や、Amazon.com では、常時20％～30％割引で販売されているが、「ガンダムベース東京」の「ショップゾーン」や、公式の「THE GUNDAM BASE ONLINE SHOP」は定価販売だ。その代わりにポイントを貯めればマニア垂涎の的である景品がもらえる。「お金の流れ＝商流」をしっかりコントロールしているのである。

9章
コミュニケーション戦略

メインフレームワーク
▶ AIDMA (P.147)

サブフレームワーク
▶ AMTUL (P.149)、AISAS、AARRR (P.151)

ポイント
購買に至るまでのプロセスを想定してアプローチの内容とメディアを設計する。

4P の最後の P は Promotion であるが、Promotion ＝セールスプロモーション（販売促進）は、消費者に働きかける一手段でしかないため、「コミュニケーション戦略」と言われる。STP との整合性で考えれば、セグメンテーション〜ターゲティング＝「誰に」→ポジショニング＝「何を伝えるべきか？」→ Promotion（コミュニケーション戦略）＝「どうやって伝えるか？」…を考えることになる。また、4P 相互の整合性で考えれば、Product ＝「どのような製品・サービスを」→ Price ＝「いくらで」→ Place ＝「どこで扱い」→ Promotion ＝「どのように知らしめるか」と考えることになるわけだ。

目的に応じたモデルを使い分ける

● 目的のゴールまでの設計図＝態度変容モデル

　前述の通り、STP、4Pとの整合性で考えても、Promotion（コミュニケーション戦略）で適切なアプローチを考えなくては、消費者はその商品・サービスを知るよしもないので、買おうという気にはならない。つまり、商品・サービスの存在を認識してから、購入や再購入といったゴールまで、消費者をどう誘導していけばよいのかという「設計」が必要になるのである。「設計図」にあたるものを「態度変容モデル」という。態度変容モデルの要点は、消費者が態度変容のどの段階にいるのかを把握するというよりは、ゴールに至る**途中で止まらないこと**を念頭に置くことだ。そのためには、各プロセスを進めるにあたってハードルとなる要素は何なのかを明らかにし、それを取り除くようなコミュニケーションを組み込むことが重要なのである。

● 基本形としての「AIDMA」

　態度変容モデルには、ゴールの設定のしかたや、消費者が取る行動や、用いるツール・メディアなどによっていくつかのモデルがあるが、まず、押さえておきたい基本形が「AIDMA」である。

「AIDMA」は頭文字であり、各々が消費者の態度変容の過程を表している。Attention（注意）→ Interest（興味）→ Desire（欲求）→ Memory（記憶）→ Action（行動）となる。それぞれの過程で必要な消費者に対する働きかけは、（知らない状態から）知ってもらう→興味を持ってもらう→欲しいと思ってもらう→（購入資金が貯まる、購入しにいく時間が取れる、販売場所に接触するなどのタイミングまで）忘

146

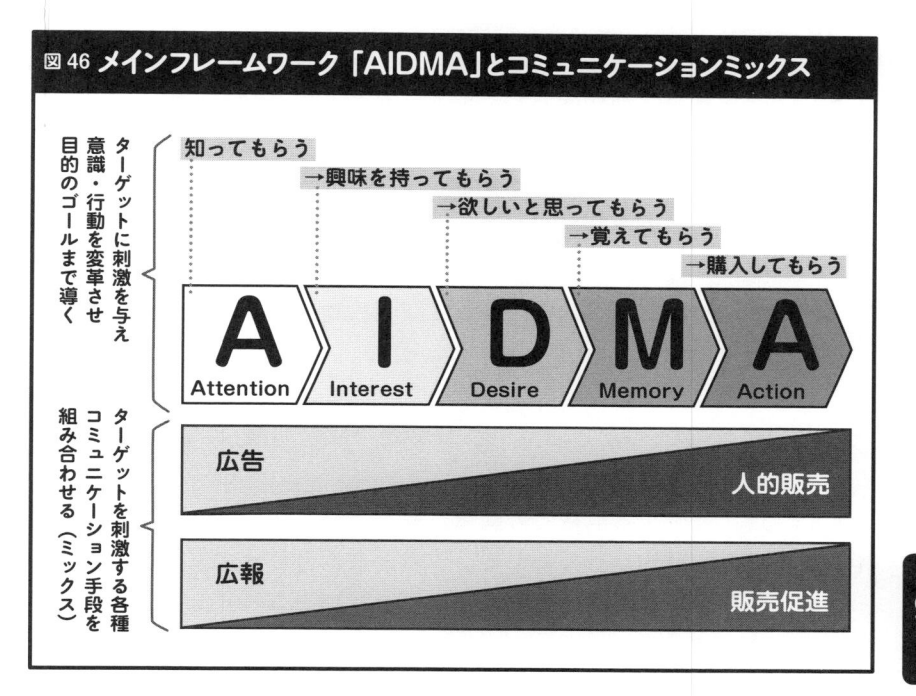

図46 メインフレームワーク「AIDMA」とコミュニケーションミックス

ターゲットに刺激を与え意識・行動を変革させ目的のゴールまで導く

知ってもらう
→興味を持ってもらう
→欲しいと思ってもらう
→覚えてもらう
→購入してもらう

A I D M A
Attention Interest Desire Memory Action

ターゲットを刺激する各種コミュニケーション手段を組み合わせる（ミックス）

広告 → 人的販売

広報 → 販売促進

れずに覚えておいてもらう→（購入のために背中を押して）購買行動を起こしてもらう……という内容になる。さらに、AIDMA の各プロセスで、どのような手段、メディアで働きかけをするのかを設計する。

● 代表的なアプローチの４つの手段

消費者に働きかける代表的な手段は大きく４つだ。広告・広報・人的販売・販売促進である。ちなみに、インターネットはツールなので、どのように用いるかによって、この４つの中に分類される。また、それらを組み合わせて展開するため、「コミュニケーションミックス」とも呼ばれている。

「広告」は、テレビ・新聞・雑誌・ラジオなどのいわゆるマス媒体や、インターネットの媒体などのスペースや表示回数等の権利を購入し、そこに自社の訴求したい内容・表現を掲載する。基本的には、掲出される内容・表現は広告費を払う広告主の自由だ。

「広報」の基本は、各企業が（PR 代理店を使う場合もあるが）、ニュー

スリリースを各媒体社に送って、記事の形で取り上げてもらうことだ。費用はかからないが、掲載される保証はないし、そこでどのように取り上げられるかはコントロールできない。その代わり、第三者が客観的に発信してくれるので、消費者からは広告よりも信頼されることが多い。

「人的販売」は、直接人が動くことが基本である。店頭での実演販売や、営業担当者がパンフレットを持参して訪問活動を行なうことなどを指す。人的販売はターゲット1人当たりにかかる人件費のコストが高くつくことから、ある程度購買意向が高まった状態のターゲットに向けて展開することが適切で、AIDMAなら、Desire（欲求喚起）以降の段階で行なうべきだと言える。

「販売促進」は、主に消費者の購買意向を高め、購入に対して背中を一押しすることを目的に行なわれる。広告と組み合わせて景品などを設定し、広く応募を呼びかける「オープンキャンペーン」や、商品の購入対象者に限定して応募を受けつける「マストバイキャンペーン」、商品にもれなく景品がついている「ベタつけキャンペーン」などがある。

●反復購入、ロイヤル顧客化までを設計する「AMTUL」

「AIDMA」のゴールは「購入すること」であり、ひとまず購買によって顧客化する状態までの設計である。一度購入すれば、しばらくは再購入などの可能性が低い耐久消費財や不動産などの場合は有用なモデルであるが、食品・飲料や日用雑貨などにおいては反復購入させることが必須なので、適さない場合もある。また、通信販売など、初回購入に至るまでの顧客獲得コストが高く、反復購入させてロイヤル顧客化しないと収益が出ない事業においても同様に適さない。そんなときに用いるのが、「AMTUL」モデルである。

「AMTUL」は、Awareness（認識）→ Memory（記憶）→ Trial（試用）→ Usage（日常利用）→ Loyal（ロイヤル顧客化）というプロセスを設計する。「AIDMA」との比較で考えれば、Awareness は Attention ＋ Interest の要素に該当し、Memory は同様であるが、その次に Trial が設定されている。「試用」は2つのパターンが考えられるが、1つは

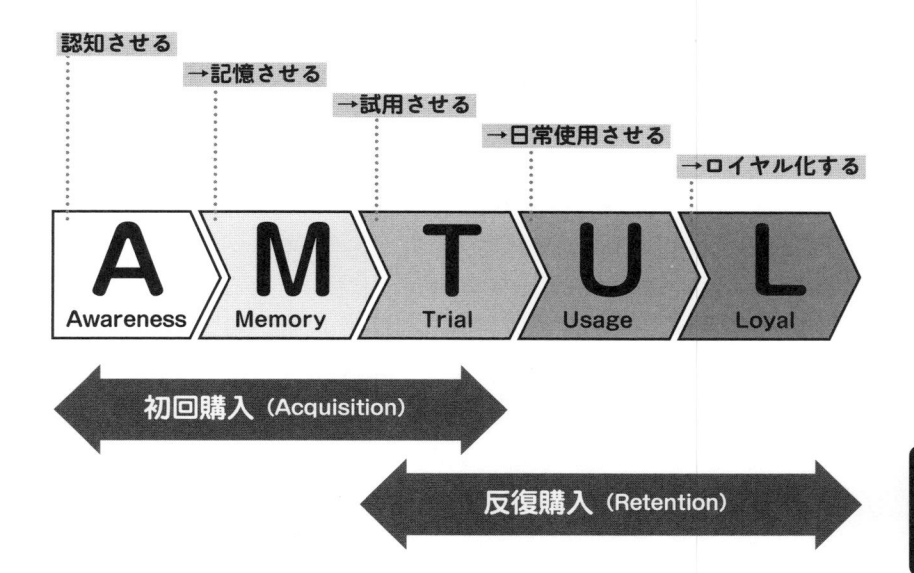

図47　「AMTUL」

認知させる
→記憶させる
→試用させる
→日常使用させる
→ロイヤル化する

A	M	T	U	L
Awareness	Memory	Trial	Usage	Loyal

初回購入（Acquisition）

反復購入（Retention）

無料サンプルなどによる試用で、もう1つが化粧品や健康食品の通信販売などでよくある、低価格の「お試しセット」などの購入による試用だ。Usage が「AIDMA」のゴールである Action に近いが、「AMTUL」においては、ある程度、継続購入する状態までが含まれる。その後の Loyal は、長期間の継続購入をしたり、関連商品の購入（クロスセリング）をしたり、友人・知人の紹介（顧客紹介）をしたりするレベルまでになる状態を示している。

　このモデルは反復購入が前提の商品の他、「試してもらわなければ、よさがわからない」商品にも有用である。

　態度変容の段階においては、いかに「お試し（Trial）」をさせるかということがかなり重要になってくる。そのために、コミュニケーションミックスの設計と共に、どのような訴求内容で提示するかという広告クリエイティブと、どのように動機づけをするかという販売促進的なフックの設定も重要になる。また、お試しから本商品購入への引き上げ、さらにはロイヤル顧客化への引き上げにも、どのようなコミュニケーショ

ンを行なうかについてしっかりと設計することが求められる。

● インターネット上での行動を組み込んだ「AISAS」モデル

「AIDMA」は、マス広告を中心としたコミュニケーションの中にインターネットの要素を後から組み込んで運用するモデルになるが、「AISAS」はインターネット上での消費者行動を前提としたモデルとなる。「AISAS」は、Attention（注意）→ Interest（興味）→ Search（検索）→ Action（購買行動）→ Share（情報シェア）である。「AIDMA」とAttention、Interest は同じだが、興味を持ったら昨今はすぐにネットで情報検索をするという行動に移るため、Share というプロセスが組み込まれている。Desire と Memory の段階が省かれているが、特に EC で商品が購入できる場合、検索して情報を確認して、買える手段があるとすぐに購買行動に移すなど、意思決定が早くなりがちなので、次の段階が Action になっている。そして、購買して行動は終わりではなく、「買ってみてどうだったか？」という、使用感などを SNS 等で情報シェアすることが多いので、Share という段階が設定されているのが特徴だ。

Search の段階では、いかに Google などの検索エンジンで検索結果の上位に表示されるかが重要になるため、そのために自社のサイトにSEO（Search Engine Optimization）の対策を施すことなどが必要となる。Share に関しては、顧客化した後にいかに SNS によいコメントを投稿してくれるかという顧客への働きかけも欠かせない。

● Web サービスを中心としたビジネスに用いる「AARRR」

「AISAS」はインターネットを含めた購買行動を考えるモデルで、最終的な購買ポイントはリアル店舗もインターネット上の EC も含まれているのに対し、インターネット上の会員制などの Web サービスに特化したモデルが「AARRR」である。

「AARRR」は、Acquisition（誘導：ユーザー獲得）→ Activation（活性化：顧客情報の提供）→ Retention（継続：リピーター化）→ Referral（紹介：シェア）→ Revenue（収益：優良顧客化）というプロセスであ

図 48　「AISAS」と「AARRR」

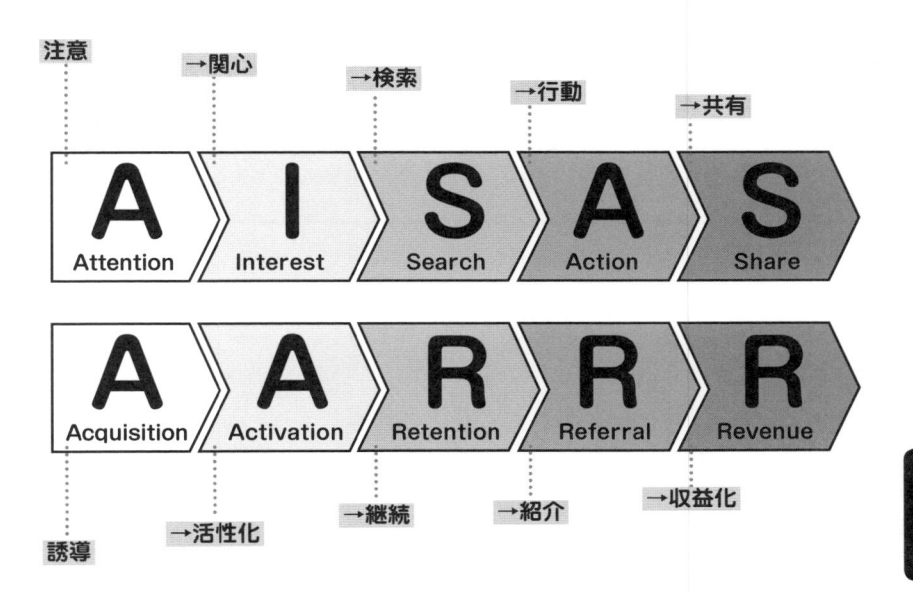

る。Acquisition で前述の SEO なども含めて、自社のサービスに誘導して顧客獲得をするが、ここではまだ顧客情報が取れていない状態だ。Activation は会員登録をして顧客情報を取得するか、スマートフォンのアプリならダウンロードしてプッシュ通知によって、顧客へのアプローチが可能になった状態を指す。メールなりプッシュ通知なりによって顧客を刺激して、Retention で何度もサイト来訪をさせてサービスを継続利用させる。さらに、サイト上にシェアボタンなどを設けて、情報のシェアを促しつつ、何度も無料コンテンツを利用させた後に、課金や有料コンテンツの利用に踏み切らせるという流れである。

　Web コンテンツの場合、基本的に利用にあたって従量的なコストが発生するわけではないので、無料コンテンツなどによって一定期間なり、自由に試用させてから有料コンテンツで収益化を図るのが最大の特徴であると言えるだろう。その中でも重要なプロセスは Retention であり、ここでいかに最適な顧客体験をするかによって、課金や有料コンテンツの利用に踏み切るかが決まってくると言える。

どうやって
「先に進めるか」を設計する

　態度変容モデルの中で、アプローチ方法とメディアをどのように設計すればいいのかを、AIDMAモデルを使って自動車を販売するケースで考えてみよう。自動車は人気のタイプであるSUV（Sports Utility Vehicle＝スポーツ用多目的車）で、車種名は「SX-7」。製品特徴は走りのよさに加えて、クラス最高の室内の広さ、7人乗りの3列目シートでも楽に乗車できることとする。

　まずは、Attentionだ。「SX-7」の認知獲得のために、テレビCMの投下とYahoo!などのポータルサイトのトップページにバナー広告を貼る。15秒のテレビCMでいきなり「買いたい！」と思うことはないまでも、車種名と「室内が広い」という特徴くらいは認知させることができる。また、バナー広告もクリックしないまでも、車種名と車の全体のフォルムを認知させるくらいはできるだろう。また、新型車であればニュース性もあるので、ニュースリリースをメディアに配信しておけば、新製品情報として記事になり、消費者の目にとまることも期待できる。

　Interest、興味喚起のために、「SX-7」の特徴や利用シーンの動画を掲載したサイトを設置する。そして、そのサイトに誘導するためにSNS広告や、検索キーワード広告を展開する。この活動によって、SNSで広告接触した消費者が、「この前、テレビで見た車だ」と興味を持ってサイトを来訪してくれることを狙う。また、テレビCMやバナーを見て、後日気になってキーワード検索した消費者をサイト誘引することを狙うのである。この段階でも「買いたい！」と思わせることは難しくとも、「より詳しく知りたい！」と思わせることが重要だ。

　Desireでは、より詳しい情報や、実物に触れることによって、「買っ

図 49 **新型車発売における AIDMA の設計例**

	A	I	D	M	A
広告	・TV-CM ・ポータルサイトトップページバナー	・SNS広告 ・検索キーワード連動広告	・自社サイトキャンペーンページのコンテンツ	・Eメールによるフォロー	
広報	・ニュースリリース（新製品情報）				
販売促進			・来店プレゼント ・試乗プレゼント	・DMによるフォロー	・オプション装備クーポン ・低金利ローンの提供
人的販売			・販売店での試乗	・電話フォロー	・商談 ・値引き交渉

てもいいかな？」という程度まで、欲求を喚起することが求められる。そのために、先のサイトで「走りのよさ」や「3列目シートも広々」などのメリットを実感できるようなコンテンツに触れさせ、ディーラーでの試乗へ誘因し、「体験」を通じて購買意欲を高めていくことが重要だ。

　Memory では、購買意欲を衰退させることなく、より具体的な購入イメージが持てるようにする必要がある。試乗の際に車種のカタログと見積を渡しておくことはもとより、試乗から一定期間後に DM（ダイレクトメール）と担当者からの電話などでのフォローが求められる。

　Action では、購入に向けて背中を最後にもう一押しすることが必要だ。「今ならオプション装備 10 万円分のクーポンプレゼント」や、「今だけの 0.5％の超低金利ローンが組めます」というような、限定的な販売促進のアプローチによって購入を促すことが効果的である。

　以上のように、「AIDMA」の各段階で刺激を与え続け、途中で止まらないようなアプローチを展開すること、各メディアを使って Attention ～Action までの一連の流れを作ることがその設計に求められるのである。

サントリー「伊右衛門 特茶」「特茶プログラム」キャンペーン

◉ 「伊右衛門 特茶」の課題とキャンペーン

3章「セグメンテーション」、5章「ポジショニング」にて取り上げた、サントリー「伊右衛門 特茶」で「態度変容モデル」の設計を考えてみよう。3章で紹介した通り、「伊右衛門 特茶」が市場に投入されたのは2013年のことであった。そして、2018年時点でのマーケティング課題は、さらなるトライアル層の拡大と、その定着にあったと考えられる。PET入り緑茶飲料カテゴリーで常に2位の座を競い合っている（1位は伊藤園の「お～い、お茶」）日本コカ・コーラの「綾鷹」も、2018年9月にトクホを発売し、競争環境が激しくなることが確実な時期に、サントリーが展開したキャンペーンである。

◉ 「特茶プログラム」のキャンペーン内容

2018年9月10日から開始されたのが「特茶プログラム」というキャンペーンである（応募期間は2018年12月3日まで）。「伊右衛門 特茶」、「特茶 カフェインゼロ」、「特茶 ジャスミン」の3製品のボトルに貼付された小さなシールをめくるとシリアルナンバーが印刷されている。それがキャンペーン応募のキーになっていて、最大3つのコースに応募できる。

①対象商品1本を購入して1ポイントを獲得すると、ヘルスケアアプリ「FiNC」の特茶スペシャル版である「特茶スマートアプリ×FiNC」がダウンロードできる（先着100万名）。日々の食事や運動を記録するとともに、アプリ限定動画などの「特茶ミッション」を達成し

ていくことで、ポイントを貯めたり、特茶のお得情報を入手したりできる。「特茶ミッション」は、下記のような内容だ。

・コラム「特茶とすごす はじめの1週間」を読む
・本木（雅弘）さんのメッセージ動画を見る
・4,500歩以上歩く
・特茶アカウントをフォローする

以上のようなミッションをクリアすると、全員に特茶500ml24本（1ケース）1,200円OFFクーポン（送料無料）がもらえる。

②特茶1本購入＝1ポイント獲得ごとに「特茶セレクト 本気グッズ」プレゼントにWebで応募でき、その場で当落がわかる。プレゼントは9月〜11月の間、景品が替わり、当選は毎月500名。

・9月コース：毎日の食事を見直そう！ Oisixこだわりの野菜セット
・10月コース：やる気は足元から！ ABC-MART2,000円商品券
・11月コース：まずは1日1本！ 特茶12本

③特茶 30 本購入＝ 30 ポイントで応募可能・抽選で 500 名当選。「特茶プレミアムコーチング」。

　筑波大学の研究成果活用事業会社であり、健康支援事業のコンサルティングサービスを提供する THF の協力で行われるパーソナルトレーニングプログラム。3 ヶ月にわたってパーソナルトレーナーが、当選者の目標や健康状態に合わせて特茶の継続飲用を含め、食・運動の両面をサポートする。「スターターキット」として、「特茶」3 ケース＝ 72 本、体組成計、運動用のシューズ割引券もプレゼントされる。

◉「特茶プログラム」における態度変容

　冒頭に述べたように、キャンペーンの狙いは「マーケティング課題は、さらなるトライアル層の拡大と、その定着」であるため、態度変容モデルは「AMTUL」で考えるのが適当である。

　・Awareness（認知）：大型キャンペーンのため、マス広告（テレビ・新聞・雑誌）とインターネット広告で大きく展開した。さらにニュースリリースによって多くの Web サイトで記事として取り上げられた。

　・Memory（記憶）：店頭の販売現場でもキャンペーンは告知され、その場では買わなくとも、「次は買ってみようかな？」と、記憶に残す効果を図っている。また、リリースの効果で、Web のコラム系のサイトでも「キャンペーンに応募してみた」といった記事として取り上げられるようになり、キャンペーン内容が深く記憶に残る効果を上げた。

　・Trial（試用）：「特茶スマートアプリ× FiNC」は、「先着 100 万名」の「先着」というところで、購入しての応募を巧みに煽っている。「特茶セレクト 本気グッズ」プレゼントは、「買って、すぐ応募できる」というキャンペーンの仕組み自体がトライアルを促進している。

　・Usage（日常利用）：「一度試す」から、「何度も使用する」というハードルを越えさせる仕掛けが、同じくキャンペーン自体に組み込まれている。また、「特茶スマートアプリ× FiNC」をダウンロードして、「特茶ミッション」をクリアしていくうちに、「また、飲んでみようかな」という気になり、そこに「特茶セレクト 本気グッズ」プレゼントがあるので

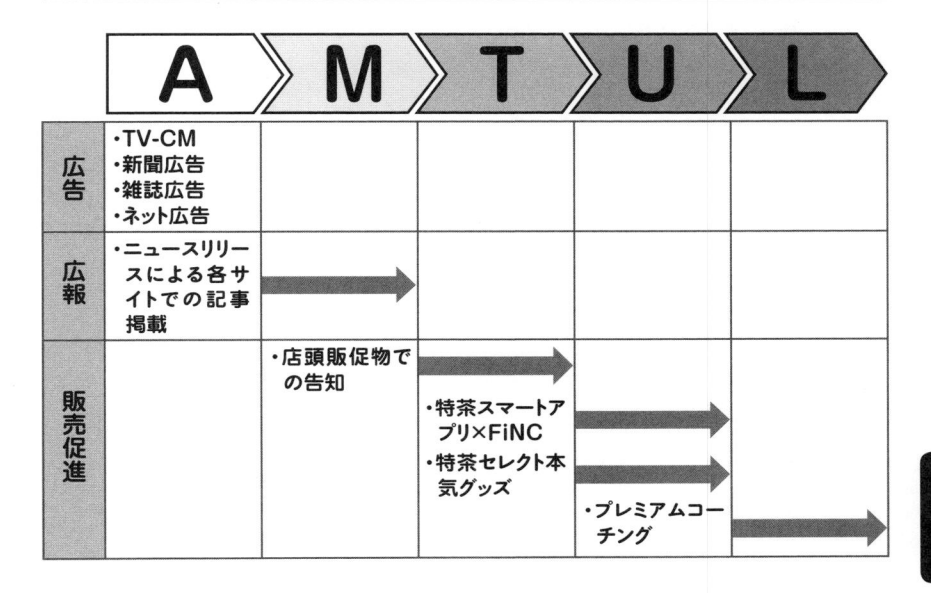

図50　「特茶プログラム」のAMTUL

	A	M	T	U	L
広告	・TV-CM ・新聞広告 ・雑誌広告 ・ネット広告				
広報	・ニュースリリースによる各サイトでの記事掲載 →				
販売促進		・店頭販促物での告知 →	・特茶スマートアプリ×FiNC → ・特茶セレクト本気グッズ →	・プレミアムコーチング →	

背中を押される。特に、応募の仕組みが1本購入＝1ポイントで、その場で応募して当落がわかるので、繰り返し購入する動機づけになる。

・Loyal（優良顧客化）：「特茶セレクト 本気グッズ」プレゼント応募で購入を繰り返すうちに、応募ポイントも貯まっていく。「特茶スマートアプリ× FiNC」で健康作りの習慣が芽生えはじめたので、「特茶プレミアムコーチング」への応募をしてみようかと思う。応募のために30本も購入し続ければ、その頃にはすっかりロイヤルユーザー化している。

以上のように、「特茶プログラム」は、消費者を AMTUL に則って巧みに態度変容を促していることがわかる。キャンペーンでタイアップする以前から、ヘルスケアアプリ「FiNC」はサービスを運営していたが、ユーザー層は女性が多かった。その「FiNC」が使えるということは、従来男性層が多かった「伊右衛門 特茶」が、課題である女性層にもアピールできるきっかけになったとも言える。

9章

コミュニケーション戦略　AIDMA

157

実務においては、流れを「戻る！」ことも重要

　「マーケティングは流れで読み解く」のであるが、実務においては、その流れは一方向ではない。「環境分析」←→「戦略立案」←→「施策立案」というように、行きつ戻りつすることが常である。

　たとえば、「環境分析」で、市場機会と問題点がしっかり抽出できて、戦略の方向が決まったとする。次は「市場のどこに顧客候補が存在するのか？」を考える「セグメンテーション」、そこで複数の「顧客候補」が見つかったら、その中の「どの顧客候補の魅力が高いかを判断して絞り込む」ことを考える「ターゲティング」を行なう。絞り込みができたら、その「顧客候補（ターゲット）に対する自社の価値と競合優位の示し方」を考える「ポジショニング」を考える……という流れになる。

　その中で、「自社の価値の示し方と競合優位性がうまく示せない」となった場合には、その手前の「ターゲット」の設定を間違えている可能性があるので、1つ「戻る」ことをしなくてはならない。戻っても、「魅力のある顧客候補が見つからない」となったら、さらに1つ前の「セグメンテーション」に戻り、顧客候補の抽出をやり直す。そこでも「顧客候補がうまく抽出できない」となったら、その手前の「環境分析」に戻って、分析をやり直す必要がある。

　つまり、「うまくいかない」と思った時や、「何かおかしい」と違和感を覚えた時は、すぐに前の段階に戻ってやり直し、そこでもうまくいかなければ、さらに「流れ」を遡って考え直していくことが重要だ。

　ここでは「ポジショニング」の段階から戻る例を挙げたが、施策を考える段階の「4P（Product・Price・Place・Promotion）」を考える段階からでも当然、戻ることは必要だ。

図51　　　マーケティングの「流れ」を「戻る！」

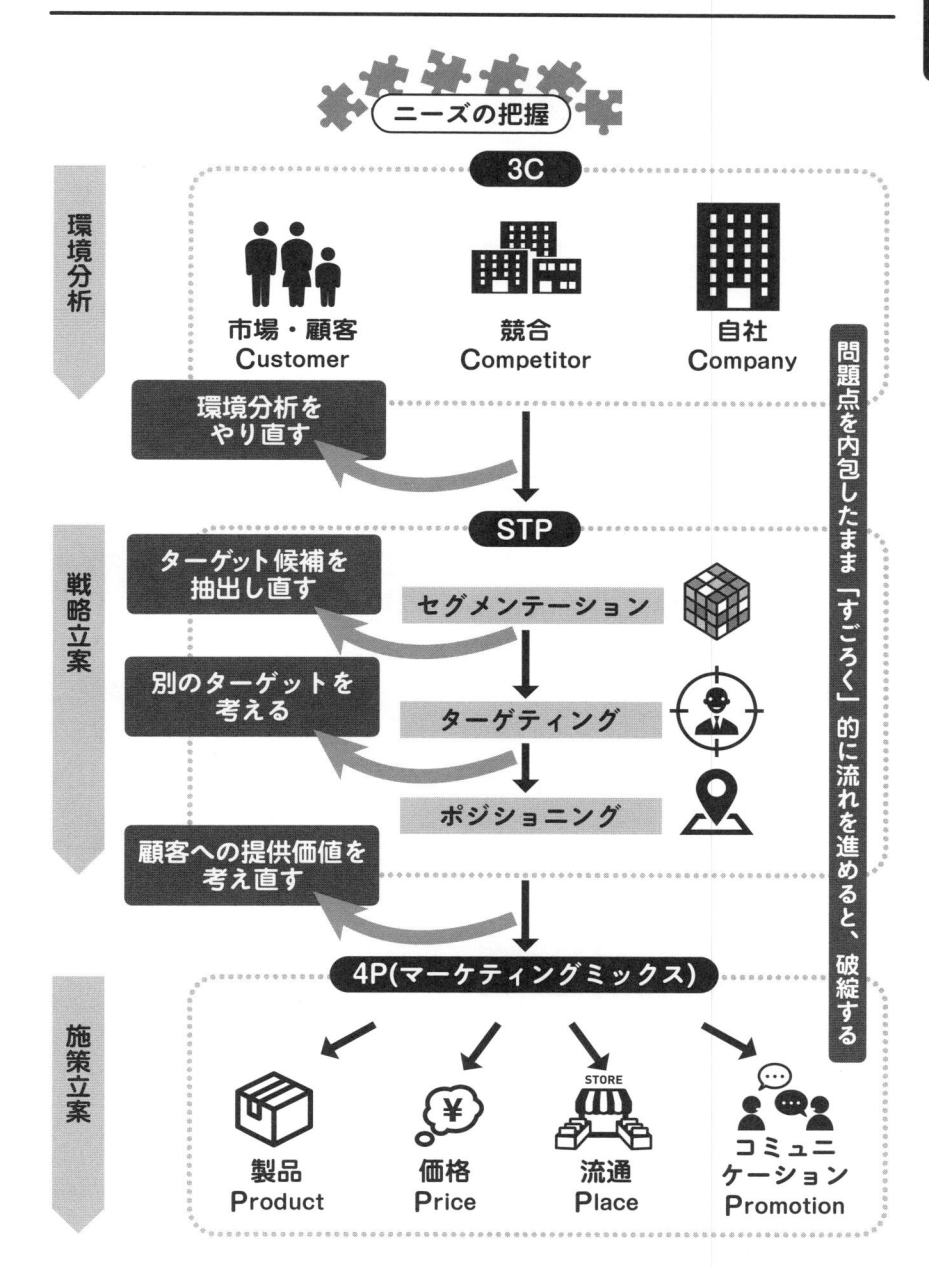

良品計画（無印良品）の「たためるジャケット」

成功した事例を見ると、「マーケティングの流れ」がきちんと踏襲されていることがわかる。最初から成功していない場合でも、うまくいっていない状態から戻って問題点を修正し、「マーケティングの流れ」を再構築しているのだ。そこでは「環境分析」→「戦略立案」→「施策立案」という流れの中の各要素が「相互にかみ合って効果を上げている」状態、つまり「整合性」が確保された状態になっていることがわかるだろう。「整合性」はマーケティング全体を設計する上で欠かせないキーワードである。

無印良品を展開する良品計画は、「たためるジャケット」という商品名で夏物のカジュアルジャケットを全店で発売した。「ナイロン素材で軽くてしわにならない」という特性を持った商品で、店頭販売価格は8,900円に設定された。しかし、販売は鳴かず飛ばずで、在庫一掃処分の後に廃番にしようかという議論が起こった。そこから「マーケティングの流れ」を「戻る！」ことで、再度流れを組み直してヒット商品に返り咲かせることに成功したのだ。その過程を考えてみよう。

◉「たためるジャケット」というウォンツ

まず、「ナイロン素材で軽くてしわにならないジャケット」というウォンツ（モノ）のニーズを洗い出すと、「気軽に扱いたい」であると考えられる。市場環境を考えると、世の中ではカジュアルシーンが増えてきており、市場はフォローの風が吹いていることがわかる。しかし、「気軽に扱える」というニーズをめぐって、ブルゾンやパーカーという存在が競合、もしくは代替品として顧客を奪い合うことになる。

図52　　「たためるジャケット」に対するニーズ

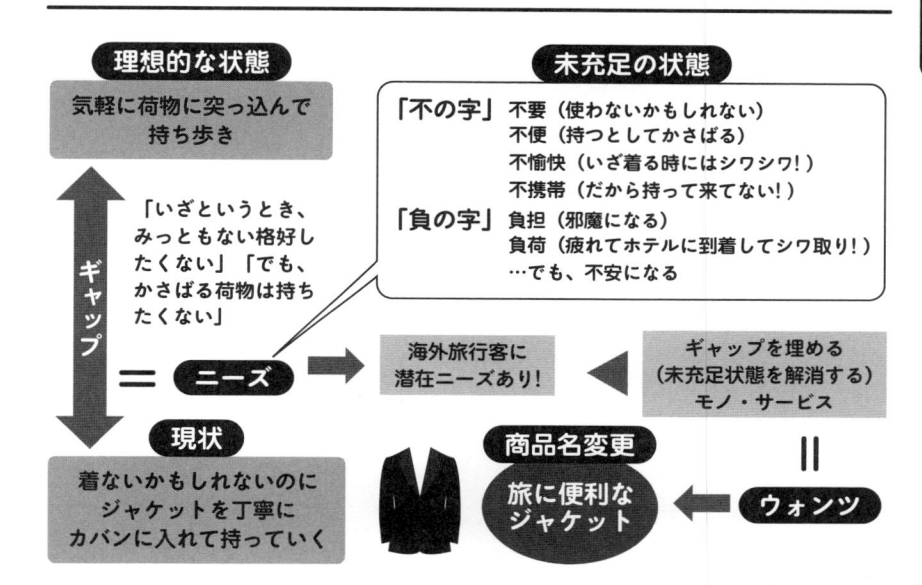

「気軽に扱える」ということにおいてはブルゾンやパーカーと「たためるジャケット」は同等だが、ジャケットなので「いざという時に、ちゃんとして見える」という優位性があると言えるだろう。

◉ 「たためるジャケット」の「ふの字」とターゲットとポジショニング

「気軽に扱える」「いざという時、ちゃんとして見える」というニーズを持った顧客候補はどんな人だろうか？　いざというときのために、通常のジャケットをカバンにそっと詰めて持ち歩くことを「負担」に感じている。しかし、気をつけていてもしわにはなってしまうという「不満」を持っている。だからといって持っていかないと、いざというとき「不格好」になってしまうという「不安」がある。そんな「不・負」を抱えている層は、「プライベートの海外旅行客」が多いのではないかと考えられる。そのターゲットに対する価値の示し方（ポジショニング）は、「持ち歩きに便利」×「着た時に格好いい」である。その価値の示し方に従って、施策（4P）も見直していくことになる。

● 「たためるジャケット」の 4P 見直し

　まず、製品（Product）としては、「たためるジャケット」という製品名は、ウォンツ（モノ）の特性を単に伝えているだけの「売り手の言葉」なので、その製品によってもたらされる便益を伝える「買い手の言葉」に変更することが求められた。そこで、ターゲットに合わせて「旅に便利なジャケット」というネーミングになった。その他、「ナイロン素材で軽くてしわにならない」という特性はそのままで、「旅に便利」になるように、パスポートサイズの内ポケットを 1 つ追加した。

　販路（Place）は、全店展開をやめて、空港内の 4 店舗とネットの旅行コーナーだけに限定した。そこにターゲットを集客するために、これまでは広告を出稿していなかったが、旅行雑誌に絞って広告（Promotion）を展開した。

　価格（Price）は 8,900 円に据え置かれた。一見高いと思いがちだが、プライベートの海外旅行客は、早めに空港について、空港内の店舗をぶらぶらと見て歩くことが多い。そこで、ジャケットを持ってこなかった旅行客が「旅に便利なジャケット」を見つけたら、持ってこなかった不安に気づき、さらに便利そうと思って「買いたい」と思うことになるだろう。その時は海外旅行前で気が大きくなっているので、8,900 円という価格はさして気にならない人が多いはずだ。

　「たためるジャケット」改め、「旅に便利なジャケット」は、ニッチな売り場に限定した展開に変更されたが、そこで大ヒットとなり、計画の 3 倍という売り上げを達成したという。その秘密は、「環境分析」→「戦略立案（セグメンテーション・ターゲティング・ポジショニング）」→「施策立案（4P）」という流れにおいて「整合性」が保たれるように再設計されたことだ。製品（ウォンツ）に対するニーズを再度洗い直し、そこから適切にターゲットとそれに対する提供価値（ポジショニング）を設定し、その提供価値を 4P の要素で実現できている。4P の各要素も相互にかみ合って効果を上げている。つまり、4P 同士の整合性も確保できているのだ。

図53 「旅に便利なジャケット」のマーケティングの「流れ」

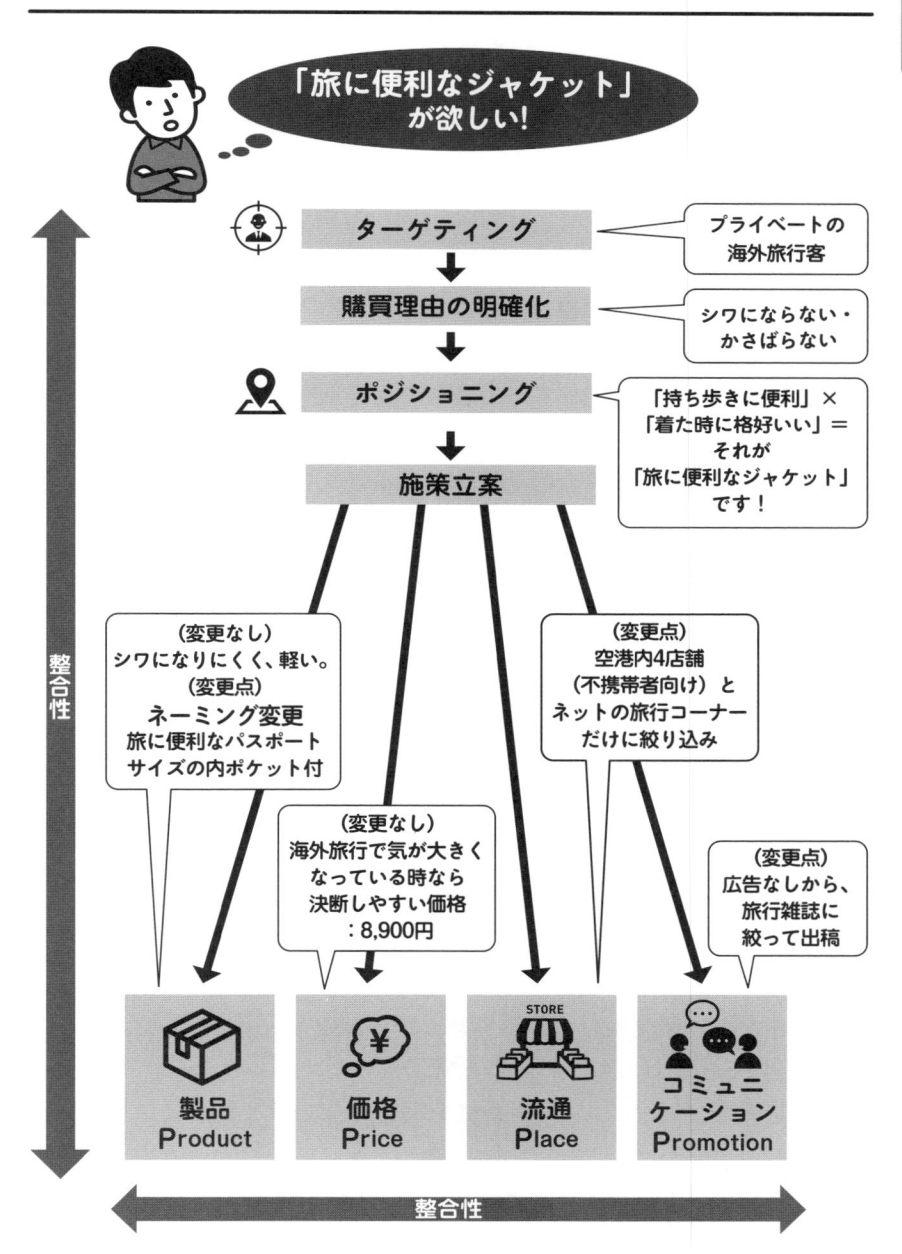

「旅に便利なジャケット」が欲しい!

ターゲティング — プライベートの海外旅行客

購買理由の明確化 — シワにならない・かさばらない

ポジショニング — 「持ち歩きに便利」×「着た時に格好いい」＝それが「旅に便利なジャケット」です!

施策立案

整合性

（変更なし）シワになりにくく、軽い。（変更点）ネーミング変更 旅に便利なパスポートサイズの内ポケット付

（変更なし）海外旅行で気が大きくなっている時なら決断しやすい価格：8,900円

（変更点）空港内4店舗（不携帯者向け）とネットの旅行コーナーだけに絞り込み

（変更点）広告なしから、旅行雑誌に絞って出稿

製品 Product

価格 Price

STORE 流通 Place

コミュニケーション Promotion

整合性

日本コカ・コーラの「綾鷹」

◉ 2007 年当時の市場環境

少し昔の事例だが、2008 年のリーマンショックという大きな危機的な状況を乗り越え、ピンチをチャンスにした展開から学んでみよう。

2007 年は 2001 年の「ネットバブル崩壊」という危機を脱却して、景気にほの明かりが見えた時期であった。景気回復を反映して、ちょっと高級な「プレミアム商品」が各業種から発売された。飲料業界においては、需要が減少している緑茶カテゴリーのテコ入れも兼ねて、各社から PET 容器入りの「プレミアム緑茶」が発売された。特徴としては、さまざまな工夫により従来の 500ml 入り税抜き 147 円の緑茶飲料よりも味を高め、容量は少なめながら、価格は据え置くか高めに設定している点が挙げられる。伊藤園は「プレミアムおーいお茶」(350ml・147 円)、キリンビバレッジは「生茶玉露 100％」(265ml・143 円)、そして日本コカ・コーラは「綾鷹 上煎茶」（425ml・158 円）を上市していた。

◉ 2008 年リーマンショックによる競合の動きと自社環境

市場環境は 2008 年に「リーマンショック」で激変。世界同時株安で経済は一気に不景気に逆戻りした。「プレミアム商品ブーム」が下火になってきた中、伊藤園とキリンビバレッジは各々、「プレミアムおーいお茶」「生茶玉露 100％」の発売を終了させた。しかし、日本コカ・コーラの「綾鷹 上煎茶」は、価格が従来品より 11 円と高いながら、容量が 425ml と通常の 500ml に近く、飲んでみればたしかにおいしいことから、コンビニエンスストア限定の販路でそこそこ売れていたのだ。日本コカ・コーラは緑茶カテゴリー商品が苦手な分野で、自動販売機を含

綾鷹シリーズ

「綾鷹 上煎茶」
（2010 年 3 月
リニューアル）　　　　「綾鷹 茶葉のあまみ」
（2019 年 2 月
リニューアル）　　　「綾鷹 ほうじ茶」
（2018 年 6 月発売）　　「綾鷹 特選茶」
（2019 年 4 月
リニューアル）

むチャネルで展開している「一（はじめ）」という 500ml・147 円の商品が全く売れていなかった。その環境下で、「綾鷹」をどのように扱っていくかは大きな課題となった。

● 「綾鷹」の戦略オプション

　考えられる戦略オプションは大きく 2 つだ。1 つは「プレミアム緑茶」カテゴリー残留のニッチ戦略のシナリオだ。もう 1 つは、「味のよさ」を武器に、500ml・147 円の「レギュラー緑茶」カテゴリーの他ブランドに対して戦いを挑む競争戦略のシナリオである。

　環境分析でチャンスとリスクを洗い出せば、「プレミアム緑茶」カテゴリー残留の場合、競合が撤退しているため、そのまま展開していても市場に残った「プレミアム緑茶ファン」を吸引して、「残存者利益」を享受できる。しかし、そうは言っても「プレミアム緑茶ファン」のパイは小さくなっている。「レギュラー緑茶」カテゴリーに進出する場合、その市場は、伊藤園の「お〜いお茶」、サントリーの「伊右衛門」、キリ

ンビバレッジの「生茶」の３強がシェア６割を占めている。その牙城を切り崩せるのかということに加え、自社の同一カテゴリーの既存商品である「一（はじめ）」との共食いになるという問題もある。

●「綾鷹」の戦略の選択

日本コカ・コーラはその中で、「プレミアム緑茶ファン」層の「規模」が小さく、今後の「成長性」も見込めないことに加えて、自社は飲料業界最大である全国96万台の自動販売機を持っており、大量生産・大量販売による「規模の経済」で原価低減を図って利益を出せるという強みも活かせることから、「レギュラー緑茶」カテゴリー進出を決めた。

ターゲットはPET入り緑茶ユーザーの中の、リーマンショック前は「高価格でも味がよくプレミアムイメージのあるモノを求める層」から転換し、リーマンショック後に台頭してきた、「高価格はイヤだが味にこだわりがあり、ブランドイメージも重視する層」に絞った。それに対するポジショニングは、「普通の価格」×「高品質」である。「高品質」は「売り手の言葉」なので、「買い手の言葉」として、「本物」というキーワードを訴求の方向性とした。

4Pの組み合わせとして、Product（製品）は、容量は当然500mlに増量した。「本物」を表す目に見える要素として液色の「にごり」を訴求し、ブランドイメージを強化した。Price（価格）も当然、147円に引き下げられた。Place（販売チャネル）は、ターゲット層を広げたため、コンビニエンスストア限定ではなく、自動販売機も含めた全チャネルに展開することとし、今まで全チャネルで展開していた「一（はじめ）」は終売とした。Promotion（広告宣伝）は、より多くの人に到達して売り場に送り込む必要から、大幅に強化された。

以上のように、「綾鷹」は大きな戦略転換を行なったが、「市場環境」→「戦略立案」→「施策立案（4P）」という流れ、及び4Pの各施策の相互関係を見ると、転換した戦略の方向性に対して「整合性」が確保されていることがわかるだろう。結果として、「綾鷹」は3強ブランドに食い込み、「お～い、お茶」に次ぐシェア2位を獲得することに成功した。

図 54	「綾鷹 上煎茶」における戦略の変更（2009 年）

PET入り緑茶ユーザーで…

【リーマン前】	【リーマン後】
高価格でも味がよく プレミアムイメージの あるモノを求める層	高価格はイヤだが、 味にこだわりあり、 ブランドイメージも重視する層

ポジショニング（旧）	【価値観転換】（新）
高くてもそれに 見合ったおいしさ （価格・高い×味・おいしい）	普通の価格でおいしく、 "ホンモノ(高品質)が 目に見える（にごり）" ＝イメージ・高×品質・高

製品 **P**roduct	価格 **P**rice	流通 **P**lace	コミュニ ケーション **P**romotion
普通の緑茶商品と 同等のスペックに →425ml～500ml へ増量（パッケー ジ変更）：1L・ 2Lボトルも発売 （一は販売終了）	普通の緑茶商品と 同等の価格へ値下 げ 157円→147円 （自販機は150 円）	増量＆低価格化＝ 規模の経済で原価 低減必要→コンビ ニだけでなくより 多くの売り場へ＝ 自販機・スーパー ＋量販店販（1 L・2L中心）	より多くの人に リーチして売り場 に送り込む必要あ り→CM強化

フレームワークの全体像

❶ ニーズの把握
市場にどのようなニーズ(不・負の字)が存在するのかを考える

❷ 環境分析
3C分析で「業界の勝ちパターン」と「自社の勝機」を導出しつつ、課題＝市場機会＋問題点を明らかにする

❸ セグメンテーション
3C分析のcustomerの「顧客とそのニーズ」を参照しつつ、「同質なニーズ」を持った顧客候補のカタマリ(セグメント)を複数抽出し、各々のカタマリ(セグメント)に該当する属性をつける

❹ ターゲティング
抽出されたセグメントを各々「5R」の基準で魅力度判定をして、最も魅力的なセグメントに絞り込み、ターゲットを確定する。ターゲットを確定したら、「ペルソナ」としてターゲット像を詳細化する

❺ ポジショニング
ターゲットのKBFを抽出して、ターゲットにとっての優先順位を見極め、優先順位の高い順にポジショニングマップの軸を決め、ポジションを検討する

❻ 製品戦略
ポジショニングで決めたポジション＝訴求価値を参照しつつ、製品に求められる価値を「製品特性分析」で階層的に明らかにし、ターゲットに対する訴求ポイントを明確化する

❼ 価格戦略
「3Cの視点」＝製品の原価・顧客が払っても構わないと考える価格・競合の価格の3点から考えて価格を決定する

❽ 流通戦略
製品の価値と売りやすさ・価値の伝えやすさなどから考えて販路の段階(長さ)を決定する

❾ コミュニケーション戦略
顧客が購買に至るまでのプロセスを想定してアプローチの内容とメディア(手段)を設計する

※全体の設計が終わったら、再度、全体の「整合性」をチェックする

まとめ

　はじめにでも述べた通り、本書はマーケティングを専門としていない方がはじめて読んでも、「マーケティングが体系的に理解できる」ことを目的にしている。ここまで一通り読んで、「環境分析」→「戦略立案」→「施策立案」という「マーケティングの流れ」はご理解いただけただろうか。また、その流れの中で必須の9つのメインフレームワークを取り上げたが、「フレームワークの使い方」と「事例解説」で、具体的な「使いこなし」はイメージできるようになっただろうか。より、それらをうまく習得していただくために、以下に5つのポイントを挙げてまとめとしたい。

❶基本を大切に
　基本は大事。「型（フレームワーク）」をポイントを押さえてしっかり使う。「流れ」を踏襲する。その中で「整合性」をしっかり取っていく。

❷フレームワークは"意味合い"が重要
「型」を「技」に高めるためには、「マーケティングの流れ」と「フレームワーク」を単なる「すごろく」と「穴埋め問題」にしないこと。フレームワークでは、ファクト（事実関係）をフレームに当てはめたら、「そこから何が言えるのか？」という自分なりの「解釈」を文章化する。

❸間違えたと思ったら、迷ったら、すぐに"戻る!"
「マーケティングの流れ」は、迷ったりうまくいかなかったりしたら、すぐに「戻る！」。うまくいかなかったら、どこまでも「戻る！」で、考え直す。「流れ」を行きつ戻りつして、試行錯誤する中で、精度を上げていく。

❹最後は「自分なりのアイデア」を込める

　フレームワークだけでは戦略や企画はできない。フレームに自分自身の頭からひねり出したアイデアを注入してはじめて活きてくる。

❺日常生活の中でもフレームワーク思考で
**　マーケティング能力を高めるクセをつける**

　たとえば広告を見た時には、「これは、どんなターゲットに向けて、どんなポジショニングを示そうとしているのか？」、コンビニやスーパーの棚を見た時には「この商品のターゲット顧客は誰で、競合はどの商品か？　何を強みとして戦おうとしているのか？」とか考えてみる。マーケティングネタは日常生活の至るところにあふれている。それらを、「おもしろい！」と思えるようになることが、マーケティング力向上の一番の近道である。

参考文献

『マーケティング原理 第9版』フィリップ・コトラー、ゲイリー・アームストロング著（ダイヤモンド社）

『コトラー＆ケラーのマーケティング・マネジメント 第12版』フィリップ・コトラー、ケビン・レーン・ケラー著（丸善出版）

『コトラーのマーケティング・コンセプト』フィリップ・コトラー著、恩藏直人監訳（東洋経済新報社）

『ストラテジック・マインド―変革期の企業戦略論』大前研一著（プレジデント社）

『イノベーションの普及』エベレット・ロジャーズ著（翔泳社）

画像提供

UNBUILT TAKEO KIKUCHI、オリンパス株式会社、株式会社キャロットカンパニー、サントリー食品インターナショナル株式会社、株式会社セリア、パナソニック株式会社、株式会社 favy、株式会社 fitfit、株式会社丸紅フットウェア、株式会社ユーグレナ

著者略歴

金森　努（かなもり　つとむ）

有限会社金森マーケティング事務所取締役、マーケティングコンサルタント
東洋大学法学部経営法学科卒。大学でマーケティングに触れ、大手コールセンターに入社。「顧客の生の声」から、「この人はなぜ、こんなことを聞いてくるんだろう」「なぜ、こんなモノを買うんだろう」など、「消費者行動」に興味を覚えてマーケティングの世界に深く踏み込む。その後、コンサルティング会社や広告代理店を経て、2005年に独立。マーケティング一筋30年以上を過ごす。コンサルタントとしては新商品開発・販売計画立案・コミュニケーション計画立案などに加え、「売れない商品のテコ入れ・復活プラン策定」などを得意とする。
コンサルティングの現場・教室での講義・原稿執筆を通じ、一貫してマーケティングにおける「顧客視点」の重要性を説く。青山学院大学経済学部非常勤講師（ベンチャービジネスとマーケティング）、日本消費者行動研究学会学術会員、一般社団法人日本元気シニア総研主任研究員。
著書に『最新版 図解よくわかるこれからのマーケティング』（同文舘出版）、『"いま"をつかむマーケティング』（アニモ出版）、共著書に『「売れない」を「売れる」に変えるマケ女の発想法』（同文舘出版）、『ポーター×コトラー 仕事現場で使えるマーケティングの実践法が2.5時間でわかる本』（TAC出版）などがある。

Contact：kanamori-kmo@nifty.com

9のフレームワークで理解するマーケティング超入門

2019年6月20日初版発行

著　者 —— 金森 努

発行者 —— 中島治久

発行所 —— 同文舘出版株式会社

東京都千代田区神田神保町1-41　〒101-0051
電話　営業 03 (3294) 1801　編集 03 (3294) 1802
振替 00100-8-42935

©T.Kanamori　　　　　　ISBN978-4-495-54041-8
印刷／製本：三美印刷　　Printed in Japan 2019